Subalterno/a del Ayuntamiento de Cádiz

Abril, 2024

Curso

MAD360

*La diferencia entre aprobar
y sacar plaza*

Subalterno/a

AYUNTAMIENTO DE CÁDIZ

Accede a tu **Curso MAD360** y disfruta de los siguientes recursos:

- Técnicas de Memoria 360.
- MADTEST: Test nivel PRO.
- Temario en formato digital.
- Planificación de estudio.
- Foro entre opositores hasta la fecha del examen.*
- Recursos y novedades exclusivas.
- Consulta sobre la oposición y el proceso selectivo.
- Actualizaciones legislativas (Boletines Oficiales) hasta 60 días antes de la fecha del examen.*

Para acceder al Curso MAD360** será necesaria la compra de todos los libros para esta especialidad de la edición 2024.

Valida los códigos que encuentras en la última página de tus libros y disfruta de la experiencia MAD360.

Infórmate en: mad.es/registro-campus

NOTA IMPORTANTE:

* Examen de esta categoría profesional correspondiente a la convocatoria publicada en el BOE núm. 51 de 27 de febrero de 2024, o hasta el 30 de junio del 2025, lo que se cumpla antes.

** El acceso al CURSO MAD360 estará disponible desde abril de 2024 (algunos recursos podrían estar disponibles en fecha posterior). Tendrá una duración de 365 días, desde la validación de códigos, o hasta el 31 de diciembre del 2025, lo que se cumpla antes.

MAD se reserva el derecho a ampliar dichas fechas.

Subalterno/a del Ayuntamiento de Cádiz

Test del temario y casos prácticos

Autores

FRANCISCO JESÚS TORRES FONSECA
LICENCIADO EN DERECHO

CARLOS TOJEIRO ALCALÁ
INGENIERO INFORMÁTICO
TITULADO MCP DE MICROSOFT

CLARA INÉS CARRILLO PARDO
LICENCIADA EN DERECHO

JOSÉ LUIS GARRIDO VELA
LICENCIADO EN DERECHO

© 7 Editores Recursos para la Cualificación Profesional y el Empleo, S.L. (7 Editores)
© Los autores
Primera edición, abril 2024 (162 páginas)
Derechos de edición reservados a favor de 7 Editores
IMPRESO EN ESPAÑA
Diseño Portada: 7 Editores
Edita: 7 Editores
Avda. San Francisco Javier, 9 · Edificio Sevilla 2 · Planta 11 · Módulos 25-27 · 41018 Sevilla
Teléfono: 954 784 411 · WEB: www.mad.es · e-mail: administracion@7editores.com
ISBN: 978-84-142-8088-1
© "Editorial Mad" y "Eduforma" son nombres comerciales registrados de
7 Editores Recursos para la Cualificación Profesional y el Empleo, S.L.

Índice

Materias Comunes

Materias Específicas

CASOS PRÁCTICOS

MATERIAS COMUNES

TEST N.º 1

La Constitución Española de 1978. Estructura general. Características esenciales y principios informadores. Derechos y deberes fundamentales

1. ¿En qué se fundamenta la Constitución Española?

a) En un Estado social y democrático de Derecho.
b) En la indisoluble unidad de la Nación española.
c) En la independencia de los poderes del Estado.
d) En la organización territorial del Estado.

2. Según el artículo 3 de la CE, el castellano es la lengua oficial del Estado y todos los españoles:

a) Tienen el deber de usar y el derecho de conocer el castellano.
b) Tienen el derecho y el deber de conocer el castellano.
c) Tienen el deber de conocer y el derecho de usar el castellano.
d) Tienen el derecho de conocer y usar el castellano.

3. La Constitución Española reconoce y garantiza el derecho a la autonomía:

a) De las nacionalidades que la integran.
b) De las regiones que la integran.
c) De las Comunidades Autónomas que la integran.
d) De las nacionalidades y regiones que la integran.

4. El Preámbulo de la Constitución:

a) Tiene en sí carácter de norma jurídica.
b) Es una declaración de intenciones, destinada a interpretar lo que se quiere alcanzar con el contenido normativo de la Constitución.
c) Se trata de un texto sin fuerza jurídica de obligar.
d) Las respuestas b) y c) son correctas.

5. Señala la respuesta correcta, respecto de la aprobación, ratificación y publicación de la Constitución Española:

a) Aprobada por las Cortes el 31 de octubre de 1978, ratificada por el pueblo en referéndum el 6 de diciembre de 1978 y publicada el 29 de diciembre de 1978.

b) Aprobada por las Cortes el 30 de octubre de 1978, ratificada por el pueblo en referéndum el 16 de diciembre de 1978 y publicada el 27 de diciembre de 1978.

c) Aprobada por las Cortes el 31 de octubre de 1978, ratificada por el pueblo en referéndum el 16 de diciembre de 1978 y publicada el 29 de diciembre de 1978.

d) Aprobada por las Cortes el 10 de octubre de 1978, ratificada por el pueblo en referéndum el 26 de diciembre de 1978 y publicada el 30 de diciembre de 1978.

6. ¿En qué parte de la Carta Magna se establece la exposición de motivos que impulsan la norma constitucional y los objetivos que con ella se pretenden alcanzar?

a) En el Título Preliminar.

b) En el Preámbulo.

c) En el Título I.

d) En el Título II.

7. La Constitución Española fue sancionada por:

a) El Rey.

b) El Presidente del Congreso.

c) Las Cortes Generales.

d) El Presidente del Gobierno.

8. ¿Cuáles de los siguientes españoles de origen pueden ser privados de su nacionalidad?

a) Exclusivamente los miembros de grupos terroristas.

b) Los miembros de grupos terroristas y los que atenten contra el Rey u otro miembro de la Casa Real.

c) Los que atenten contra un miembro de la Familia Real o del Gobierno de la Nación.

d) Ningún español de origen podrá ser privado de su nacionalidad.

9. Según la CE son fundamentos del orden político y la paz social:

a) La dignidad de la persona, los derechos violables que les son inherentes y el respeto a la ley.

b) La dignidad de la persona, el desarrollo limitado de la personalidad y el respeto a la ley.

c) El respeto a la ley, a los reglamentos administrativos y demás disposiciones legales.

d) La dignidad de la persona, los derechos inviolables que le son inherentes, el libre desarrollo de su personalidad, el respeto a la ley y a los derechos de los demás.

10. ¿Cuál de los siguientes es considerado por la CE como uno de los valores superiores del ordenamiento jurídico?

a) La jerarquía normativa.
b) El pluralismo político.
c) La publicidad normativa.
d) La equidad.

11. La forma política del Estado español es:

a) Democracia parlamentaria.
b) Gobierno parlamentario.
c) Monarquía parlamentaria.
d) República democrática.

12. La parte de la CE que regula la estructura de los principales órganos del Estado recibe el nombre de:

a) Parte dogmática.
b) Parte orgánica.
c) Parte estatal.
d) Parte estructural.

13. Según la CE, la soberanía nacional:

a) Corresponde a las Cortes Generales, al estar compuestas por los representantes del pueblo.
b) Corresponde al Rey.
c) Reside en el pueblo español.
d) Corresponde al Gobierno de la Nación elegido directamente por el pueblo.

14. ¿En qué parte de la Carta Magna se señalan los valores superiores del ordenamiento jurídico?

a) En el Preámbulo.
b) En el Título Preliminar.
c) En el Título I.
d) Ninguna respuesta es correcta.

15. ¿Cuál de las siguientes es una de las características de nuestra Constitución de 1978?

a) Consensuada.
b) Corta.
c) Conservadora.
d) Originalidad.

16. Son el fundamento del orden político y de la paz social:

a) El libre desarrollo de la personalidad.
b) Los derechos inviolables que les son inherentes.
c) El respeto a la ley y a los derechos de los demás.
d) Todas las respuestas son correctas.

17. ¿Qué quedará excluido de extradición?

a) Los delitos criminales.
b) Los delitos políticos.
c) Los actos de terrorismo.
d) Ninguno.

18. ¿Qué debe ser democrático, a tenor de lo dispuesto en la Constitución Española, en los sindicatos de trabajadores y las asociaciones empresariales?

a) Su funcionamiento.
b) Su estructura interna.
c) Su funcionamiento y estructura interna.
d) Sus órganos asamblearios.

19. ¿De cuántos Capítulos consta el Título I de la CE de 1978?

a) De tres.
b) De cinco.
c) De dos.
d) De cuatro.

20. El principio en virtud del cual un Reglamento no puede contradecir una ley es el de:

a) Legalidad.
b) Jerarquía normativa.
c) Las respuestas a) y b) son correctas.
d) Seguridad jurídica.

21. Según la Constitución, una norma que imponga una nueva pena más leve para un delito:

a) No se aplica retroactivamente.
b) Puede aplicarse retroactivamente.
c) Ha de ser reglamentaria.
d) Atenta contra el principio de legalidad penal si se aplica retroactivamente.

22. Todos los españoles, respecto al castellano, tienen el:

a) Derecho-deber de conocerlo.
b) Derecho de usar y deber de conocerlo.
c) Derecho-deber de usarlo.
d) Nada de lo anterior.

23. La capital del Estado en España es:

a) La propia de cada Comunidad Autónoma.
b) La villa de Madrid.
c) Aquella donde se establezca en cada momento el Gobierno de la Nación.
d) Aquella en la que resida generalmente el Rey.

24. El Título de la Constitución que trata de la reforma constitucional es el:

a) Primero.
b) Décimo.
c) Noveno.
d) Undécimo.

25. Los principios rectores de la política social y económica se regulan en el siguiente Capítulo y Título de la Constitución:

a) Segundo del Primero.
b) Tercero del Primero.
c) Tercero del Preliminar.
d) Primero del Séptimo.

26. La justicia, según nuestra Constitución, es un/una:

a) Principio de nuestro ordenamiento jurídico.
b) Valor superior del anterior.
c) Manifestación del Estado democrático.
d) Todo lo anterior.

27. Un español de origen puede perder esta nacionalidad:

a) Por sanción administrativa.
b) Cuando libremente renuncie a la misma.
c) Por condena penal.
d) En ningún caso.

28. Constituye el fundamento del orden público y de la paz social, según la Constitución, el/la/los:

a) Derechos inviolables inherentes a la persona.
b) Estado social y democrático de Derecho.
c) Seguridad jurídica.
d) Justicia.

29. Las Comunidades Autónomas deben usar o instalar la bandera española:

a) En sus edificios.
b) En los actos oficiales.
c) Cuando lo solicite el Delegado del Gobierno de la Nación en las mismas.
d) Cuando lo estimen oportuno.

30. Deben tener una estructura interna y un funcionamiento democrático los/las:

a) Partidos Políticos.
b) Colegios Profesionales.
c) Organizaciones Profesionales.
d) Todos ellos.

31. La defensa de la integridad territorial de España se atribuye por la Constitución a/al/a las:

a) Fuerzas y Cuerpos de Seguridad.
b) Fuerzas Armadas.
c) Gobierno de la Nación.
d) Todas las anteriores.

32. El Título de la Constitución que trata de las relaciones entre el Gobierno y las Cortes Generales es el:

a) Cuarto.
b) Quinto.
c) Sexto.
d) Tercero.

33. La Constitución entró en vigor:

a) Al día siguiente de su publicación en el Boletín Oficial del Estado.
b) El 27 de diciembre de 1978.
c) El 29 de diciembre de 1978.
d) Al ser aprobada en la sesión conjunta por el Congreso de los Diputados y el Senado.

34. ¿En qué fecha aprobaron las Cortes Generales la Constitución Española?

a) El 31 de octubre de 1978.
b) El 6 de diciembre de 1978.
c) El 27 de diciembre de 1978.
d) El 29 de diciembre de 1978.

35. ¿Cuál de las siguientes no es una característica de la Carta Magna?

a) Su rigidez.
b) El establecimiento, como forma política del Estado, de la monarquía hereditaria.
c) Su codificación en un solo texto.
d) Su extensión.

36. ¿De cuántos artículos consta la Constitución Española de 1978?

a) De 154.
b) De 163.
c) De 169.
d) De 171.

37. ¿Cuál de los siguientes no es uno de los valores superiores de nuestro ordenamiento jurídico?

a) El pluralismo político.
b) La solidaridad.
c) La libertad.
d) La igualdad.

38. A tenor del artículo 11 de la Constitución, los españoles de origen podrán ser privados de su nacionalidad:

a) Cuando así lo determinen las leyes.
b) Cuando entren al servicio de las armas de un país extranjero.
c) Cuando así lo apruebe el Consejo de Ministros.
d) En ningún caso un español de origen podrá ser privado de su nacionalidad.

39. Las Cortes Generales, ¿en qué Título de nuestra Constitución se recogen?

a) En el Título II.
b) En el Título III.
c) En el Título IV.
d) En el Título VI.

40. Según la Disposición Final de nuestra Constitución, esta entrará en vigor:

a) Al día siguiente de su publicación en el Boletín Oficial del Estado.
b) A los veinte días de la publicación de su texto oficial en el Boletín Oficial del Estado.
c) El mismo día de la publicación de su texto oficial en el Boletín Oficial del Estado.
d) Al año de la publicación de su texto oficial en el Boletín Oficial del Estado.

41. El derecho a la propiedad en nuestra Constitución es un Derecho:

a) Inherente a la condición humana.
b) Absoluto.
c) Que está limitado por la función social de la misma.
d) Ninguna de las respuestas anteriores es correcta.

42. Dispone la Carta Magna que todos contribuirán al sostenimiento de los gastos públicos de acuerdo con su capacidad económica mediante un sistema tributario justo inspirado en los principios de:

a) Legalidad y equidad.
b) Igualdad y progresividad.
c) Publicidad y legalidad.
d) Eficacia y sostenibilidad.

43. En virtud del principio de progresividad tributaria:

a) Se implantarán paulatinamente cada vez mayores tributos.
b) Los tipos impositivos serán regresivos.
c) Prima el principio de igualdad en el pago de los tributos.
d) Nada de lo expuesto es cierto.

44. Según la Constitución, el Estado es:

a) Apolítico.
b) Aconfesional.
c) De bienestar social.
d) Federal.

45. El derecho a la vida se consagra en el siguiente artículo de la Constitución:

a) 10.
b) 16.
c) 15.
d) 24.

46. La pena de muerte en España:

a) Ha quedado abolida.
b) Puede aplicarse en cualquier momento.
c) Solo se aplicará, en tiempo de guerra, a los militares.
d) Rige solo en el ámbito civil.

47. La inmediata puesta a disposición judicial derivada del *habeas corpus*, se produce por:

a) Detención ilegal.
b) Prisión ilegal.
c) Prisión preventiva.
d) Detención preventiva.

48. El proceso en el que se enjuicie a un presunto delincuente debe:

a) Ser sumario.
b) No dilatarse.
c) Entorpecer los instrumentos probatorios.
d) Nada de lo anterior es cierto.

49. La entrada en un domicilio en caso de flagrante delito, sin autorización de su titular:

a) Puede dar lugar a la aplicación del habeas corpus.
b) Requiere autorización previa de la autoridad judicial.
c) Puede efectuarse en todo momento.
d) No puede realizarse en momento alguno.

50. Cuando, al conocerse la comisión de un delito por una persona, se acude a su domicilio para detenerla:

a) Está obligada a franquear la entrada.
b) Se necesitará autorización judicial para entrar, si no da su consentimiento para ello.
c) Pese a que no dé su consentimiento, se puede entrar.
d) Nada de lo anterior es correcto.

51. La autorización previa para celebrar una manifestación pública:

a) La da el Subdelegado del Gobierno en la Provincia.
b) Es ineludible.
c) Sería inconstitucional.
d) Se da cuando no se prevean alteraciones al orden público, con peligro para personas o bienes.

52. El tipo de sufragio que consagra la Constitución es el:

a) Proporcional.
b) Universal.
c) Censitario.
d) Las respuestas a) y b) son correctas.

53. Además de la no autoinculpación, la Constitución prevé que no se está obligado a declarar sobre un hecho presuntamente delictivo en caso de:

a) Parentesco y afinidad.
b) Cláusula de conciencia.
c) Secreto profesional.
d) Las respuestas a) y b) son correctas.

54. Los Tribunales de Honor están prohibidos respecto de los/la/las:

a) Sindicatos y Organizaciones Profesionales.
b) Administración Civil y Militar.
c) Organizaciones Profesionales y la Administración Civil.
d) Todas las respuestas anteriores son correctas.

55. ¿En qué artículos de nuestra CE se recogen los derechos fundamentales y de las libertades públicas?

a) En los artículos 10 a 43.
b) En los artículos 25 a 38.
c) En los artículos 31 a 45.
d) En los artículos 15 a 29.

56. La fundación de una Internacional Sindical por un sindicato español:

a) Es libre.
b) Está prohibida.
c) Debe plasmarse en un Tratado Internacional.
d) Nada de lo anterior es cierto.

57. El ejercicio del derecho de petición a través de una manifestación ciudadana:

a) No se admite.
b) Se admite en algún caso.
c) Se admite, salvo para los militares.
d) Ni se admite ni se prohíbe.

58. Nuestro sistema tributario ha de ser:

a) Regresivo e igualitario.
b) Progresivo y generalizado.
c) Confiscatorio.
d) Justo y regresivo.

59. Las Fundaciones son:

a) Entidades constituidas para fines de interés general.
b) Administración Corporativa.
c) Entidades privadas con fines de carácter también privado.
d) Asociaciones de personas para conseguir fines de interés general.

60. La asistencia de todo orden a los hijos habidos extraconyugalmente:

a) No está prevista en la Constitución.
b) Es un deber de los padres.
c) Se dispensará por Instituciones de Beneficencia.
d) Se dispensa solo a los que de ellos tengan discapacidad.

61. La especulación urbanística, según la Constitución:

a) Debe evitarse.
b) Está permitida.
c) Genera plusvalías para la colectividad.
d) Pueden hacerla los poderes públicos.

62. No es susceptible de recurso de amparo el derecho a la/de:

a) Sindicación.
b) Investigación científica.
c) Secreto de las comunicaciones.
d) Lo son todos ellos.

63. No es susceptible de recurso de amparo el derecho de:

a) Libertad de cátedra.
b) Negociación colectiva.
c) Manifestación.
d) Huelga.

64. Es susceptible de recurso de amparo el derecho a la/de:

a) Libre sindicación.
b) Petición.

c) Cláusula de conciencia.
d) Lo están todos ellos.

65. Una vez declarado el estado de excepción no se puede suspender el derecho/libertad de:

a) Huelga.
b) Enseñanza.
c) Adopción de medidas de conflicto colectivo.
d) Libertad de circulación.

66. Durante el estado de excepción, un detenido conserva el derecho de/a:

a) Setenta y dos horas para ser puesto a disposición judicial.
b) Secreto de comunicaciones.
c) Asistencia de Letrado.
d) Ninguno de ellos.

67. Se puede suspender, con motivo de investigaciones relativas a bandas armadas, el derecho de:

a) Huelga.
b) Inviolabilidad del domicilio.
c) Libertad de circulación.
d) Las respuestas b) y c) son correctas.

68. Nuestra Constitución trata de los derechos y deberes fundamentales de los españoles en su Título I, denominado:

a) De los derechos y deberes fundamentales.
b) De los deberes de los españoles.
c) De los derechos de los españoles.
d) De los derechos y deberes principales de los españoles.

Solución al test n.º 1

1. b) En la indisoluble unidad de la Nación española.

2. c) Tienen el deber de conocer y el derecho de usar el castellano.

3. d) De las nacionalidades y regiones que la integran.

4. d) Las respuestas b) y c) son correctas.

5. a) Aprobada por las Cortes el 31 de octubre de 1978, ratificada por el pueblo en referéndum el 6 de diciembre de 1978 y publicada el 29 de diciembre de 1978.

6. b) En el Preámbulo.

7. a) El Rey.

8. d) Ningún español de origen podrá ser privado de su nacionalidad.

9. d) La dignidad de la persona, los derechos inviolables que le son inherentes, el libre desarrollo de su personalidad, el respeto a la ley y a los derechos de los demás.

10. b) El pluralismo político.

11. c) Monarquía parlamentaria.

12. b) Parte orgánica.

13. c) Reside en el pueblo español.

14. b) En el Título Preliminar.

15. a) Consensuada.

16. d) Todas las respuestas son correctas.

17. b) Los delitos políticos.

18. c) Su funcionamiento y estructura interna.

19. b) De cinco.

20. c) Las respuestas a) y b) son correctas.

21. b) Puede aplicarse retroactivamente.

22. b) Derecho de usar y deber de conocerlo.

23. b) La villa de Madrid.

24. b) Décimo.

25. b) Tercero del Primero.

26. b) Valor superior del anterior.

27. b) Cuando libremente renuncie a la misma.

28. a) Derechos inviolables inherentes a la persona.

29. b) En los actos oficiales.

30. d) Todos ellos.

31. b) Fuerzas Armadas.

32. b) Quinto.

33. c) El 29 de diciembre de 1978.

34. a) El 31 de octubre de 1978.

35. b) El establecimiento, como forma política del Estado, de la monarquía hereditaria.

36. c) De 169.

37. b) La solidaridad.

38. d) En ningún caso un español de origen podrá ser privado de su nacionalidad.

39. b) En el Título III.

40. c) El mismo día de la publicación de su texto oficial en el Boletín Oficial del Estado.

41. c) Que está limitado por la función social de la misma.

42. b) Igualdad y progresividad.

43. d) Nada de lo expuesto es cierto.

44. b) Aconfesional.

45. c) 15.

46. a) Ha quedado abolida.

47. a) Detención ilegal.

48. b) No dilatarse.

49. c) Puede efectuarse en todo momento.

50. b) Se necesitará autorización judicial para entrar, si no da su consentimiento para ello.

51. c) Sería inconstitucional.

52. b) Universal.

53. c) Secreto profesional.

54. c) Organizaciones Profesionales y la Administración Civil.

55. d) En los artículos 15 a 29.

56. a) Es libre.

57. a) No se admite.

58. b) Progresivo y generalizado.

59. a) Entidades constituidas para fines de interés general.

60. b) Es un deber de los padres.

61. a) Debe evitarse.

62. b) Investigación científica.

63. b) Negociación colectiva.

64. d) Lo están todos ellos.

65. b) Enseñanza.

66. c) Asistencia de Letrado.

67. b) Inviolabilidad del domicilio.

68. a) De los derechos y deberes fundamentales.

Conceptualización básica. Discriminación y relaciones desiguales: concepto y tipos de discriminación. Igualdad de oportunidades: principios de igualdad. Medidas de prevención y protección integral contra la violencia de género. Breve referencia al Plan de Igualdad y Protocolo para la prevención, detección, actuación y reparación frente al acoso sexual y por razón de sexo del Excmo. Ayuntamiento de Cádiz

1. ¿Qué artículo de la Constitución proclama que los españoles son iguales ante la ley, sin que pueda prevalecer discriminación alguna por razón de nacimiento, raza, sexo, religión, opinión o cualquier otra condición o circunstancia personal o social?

a) Artículo 9.
b) Artículo 11.
c) Artículo 14.
d) Artículo 18.

2. Según el artículo 9.2 de la Constitución, "corresponde a los poderes públicos .... las condiciones para que la libertad y la igualdad del individuo y de los grupos en que se integra sean reales y efectivas; .... los obstáculos que impidan o dificulten su plenitud y .... la participación de todos los ciudadanos en la vida política, económica, cultural y social". Señala qué tres verbos faltan en la anterior frase:

a) Promover, remover y facilitar.
b) Impulsar, superar y posibilitar.
c) Crear, eliminar y alentar.
d) Facilitar, disminuir y promover.

3. La Declaración y la Plataforma de Acción de la IV Conferencia Mundial en Pekín sobre la Mujer, en 1995, han establecido las dos estrategias fundamentales para el desarrollo eficaz de las políticas de igualdad de mujeres y hombres:

a) Transversalidad de género y representación equilibrada.
b) Educación integral y corresponsabilidad.
c) Enfoque de género y publicidad institucional.
d) Igualdad de trato e igualdad de oportunidades.

4. El Tratado de Roma señala en su artículo 3, tras su modificación por el Tratado de Ámsterdam, que todas las acciones y políticas comunitarias estarán inspiradas por el siguiente objetivo:

a) Erradicar la violencia de género.
b) Eliminar las desigualdades entre el hombre y la mujer y promover su igualdad.
c) Disminuir la brecha de género y acabar con la discriminación por razón de sexo.
d) Facilitar el empoderamiento de la mujer mediante la exigencia de la presencia equilibrada de la mujer en los centros de dirección.

5. En virtud del artículo 6.2 de la LO 3/2007, la situación en que una disposición, criterio o práctica aparentemente neutros pone a personas de un sexo en desventaja particular con respecto a personas del otro:

a) En cualquier caso constituirá discriminación directa.
b) En cualquier caso constituirá discriminación indirecta.
c) No se considera discriminación indirecta si dicha disposición, criterio o práctica pueden justificarse objetivamente en atención a una finalidad legítima y los medios para alcanzar dicha finalidad son necesarios y adecuados.
d) En ningún caso podrá considerarse discriminación.

6. Conforme al artículo 6.3 de la LO 3/2007, toda orden de discriminar por razón de sexo:

a) Sólo se considera discriminatoria si se ordena discriminar directamente.
b) En ningún caso se puede considerar discriminatoria.
c) Sólo se considera discriminatoria si ordena una discriminación indirecta.
d) En cualquier caso se considera discriminatoria, sea directa o indirecta.

7. Según el artículo 8 de la LO 3/2007, todo trato desfavorable a las mujeres relacionado con el embarazo o la maternidad constituye:

a) Acoso sexual.
b) Acoso por razón de sexo.
c) Discriminación directa por razón de sexo.
d) Discriminación indirecta por razón de sexo.

8. Cualquier comportamiento realizado en función del sexo de una persona, con el propósito o el efecto de atentar contra su dignidad y de crear un entorno intimidatorio, degradante u ofensivo, constituye:

a) Discriminación directa.
b) Acoso sexual.
c) Acoso por razón de sexo.
d) Discriminación indirecta.

9. Conforme al artículo 7.4 de la LO 3/2007, el condicionamiento de un derecho o de una expectativa de derecho a la aceptación de una situación constitutiva de acoso sexual o de acoso por razón de sexo se considerará:

a) Acto de discriminación por razón de sexo.
b) Creación de un entorno intimidatorio, degradante u ofensivo.
c) Anulable y sin efecto.
d) Indemnizable.

10. En virtud del artículo 9 de la LO 3/2007, cualquier trato adverso o efecto negativo que se produzca en una persona como consecuencia de la presentación por su parte de queja, reclamación, denuncia, demanda o recurso, de cualquier tipo, destinados a impedir su discriminación y a exigir el cumplimiento efectivo del principio de igualdad de trato entre mujeres y hombres, se considerará:

a) Discriminación directa.
b) Discriminación por razón de sexo.
c) Injustificado.
d) Acoso.

11. Para prevenir la realización de conductas discriminatorias en los actos y las cláusulas de los negocios jurídicos, el artículo 10 de la LO 3/2007 prevé la existencia de un sistema de sanciones eficaz y:

a) Proporcionado.
b) Comprensible.
c) Cuantificable.
d) Disuasorio.

12. Según el artículo 10 de la LO 3/2007, los actos y las cláusulas de los negocios jurídicos que constituyan o causen discriminación por razón de sexo se considerarán:

a) Válidos, pero anulables.
b) Nulos y sin efecto.

c) Ilegales.

d) Nulos, pero con efectos.

13. Con el fin de hacer efectivo el derecho constitucional de la igualdad, los Poderes Públicos adoptarán medidas específicas en favor de las mujeres para corregir situaciones patentes de desigualdad de hecho respecto de los hombres. Tales medidas, que serán aplicables en tanto subsistan dichas situaciones, habrán de ser en relación con el objetivo perseguido en cada caso razonables y:

a) Justificadas.

b) Autorizadas judicialmente.

c) Transparentes.

d) Proporcionadas.

14. Conforme al artículo 12 de la LO 3/2007, cualquier persona podrá recabar de los tribunales la tutela del derecho a la igualdad entre mujeres y hombres, de acuerdo con lo establecido en el artículo 53.2 de la Constitución:

a) Siempre que la relación en la que supuestamente se produce la discriminación se encuentre vigente.

b) Incluso tras la terminación de la relación en la que supuestamente se ha producido la discriminación.

c) Siempre que se haya dado por terminada la relación en la que supuestamente se produce la discriminación.

d) A menos que se haya procedido a la suspensión de la relación en la que supuestamente se produce la discriminación.

15. La capacidad y la legitimación para intervenir en los procesos civiles, sociales y contencioso-administrativos que versen sobre la defensa del derecho de igualdad entre mujeres y hombres, corresponden a:

a) La persona acosada, únicamente.

b) Cualquier ciudadano.

c) Las personas físicas y jurídicas con interés legítimo.

d) Cualquier persona jurídica.

16. La persona acosada será la única legitimada en los litigios:

a) Sobre discriminación directa.

b) Sobre acoso sexual y acoso por razón de sexo.

c) Sobre acoso sexual únicamente.

d) Únicamente sobre acoso por razón de sexo.

17. El capítulo III del título V de la LO 3/2007, establece una serie de medidas que han de aplicarse obligatoriamente en la Administración General del Estado y en los organismos públicos vinculados o dependientes de ella, para favorecer la igualdad en el empleo público. Entre ellas figura:

a) Siempre que se apruebe la celebración de convocatorias de pruebas selectivas para el acceso al empleo público, sin excepción, se incluirá un informe de impacto de género.

b) En las bases de los concursos para la provisión de puestos de trabajo se computará, a los efectos de valoración del trabajo desarrollado y de los correspondientes méritos, el tiempo que las personas candidatas hayan permanecido en excedencia, reducción de jornada o permisos relacionados con la maternidad.

c) Cuando el período de vacaciones coincida con una incapacidad temporal derivada del embarazo, parto o lactancia natural, o con el permiso de maternidad, o con su ampliación por lactancia, la empleada pública tendrá derecho a disfrutar las vacaciones en fecha distinta, siempre que no haya terminado el año natural al que correspondan.

d) Preferencia por tiempo indefinido, en la adjudicación de plazas para participar en los cursos de formación a quienes se hayan incorporado al servicio activo procedentes del permiso de maternidad o paternidad, o hayan reingresado desde la situación de excedencia por razones de guarda legal y atención a personas mayores dependientes o personas con discapacidad.

18. La aprobación de convocatorias de pruebas selectivas para el acceso al empleo público en la Administración General del Estado o en los organismos públicos vinculados o dependientes de ella, deberá:

a) Asegurar la adjudicación de plazas ofertadas por el principio de presencia equilibrada de mujeres y hombres.

b) Reservar al menos un 40% de las plazas para cada sexo.

c) Acompañarse de un informe de impacto de género, salvo en casos de urgencia.

d) Separar las plazas que se hayan de cubrir por hombres de las que se hayan de cubrir por mujeres.

19. Conforme al artículo 59 de la LO 3/2007:

a) Cuando el periodo de vacaciones coincida con una incapacidad temporal derivada del embarazo, parto o lactancia natural, o con el permiso de maternidad, o con su ampliación por lactancia, la empleada pública deberá unir ambos períodos sumando los días de vacaciones que le correspondan.

b) Cuando el periodo de vacaciones coincida con una incapacidad temporal derivada del embarazo, parto o lactancia natural, o con el permiso de maternidad, o con su ampliación por lactancia, la empleada pública tendrá derecho a disfrutar las vacaciones en fecha distinta, antes de que termine el año natural al que correspondan.

c) Cuando el periodo de vacaciones coincida con una incapacidad temporal derivada del embarazo, parto o lactancia natural, o con el permiso de maternidad, o con su ampliación por lactancia, la empleada pública tendrá derecho a optar por estos permisos o por las vacaciones.

d) Cuando el periodo de vacaciones coincida con una incapacidad temporal derivada del embarazo, parto o lactancia natural, o con el permiso de maternidad, o con su ampliación por lactancia, la empleada pública tendrá derecho a disfrutar las vacaciones en fecha distinta, aunque haya terminado el año natural al que correspondan.

20. Según su artículo 1.2, el Estatuto de Autonomía de Andalucía propugna como valores superiores la libertad, la justicia, la igualdad y el pluralismo político para todos los andaluces, en un marco con las demás Comunidades Autónomas de España de igualdad y:

a) Libertad.
b) Democracia.
c) Respeto.
d) Solidaridad.

21. Conforme al artículo 16 del Estatuto de Autonomía de Andalucía, las mujeres tienen derecho a una protección contra la violencia de género:

a) Judicial.
b) Asistencial.
c) Efectiva.
d) Integral.

22. Según el artículo 107 del Estatuto de Autonomía de Andalucía, en los nombramientos y designaciones de instituciones y órganos que corresponda efectuar al Parlamento de Andalucía regirá el principio de:

a) No discriminación por razón de sexo.
b) Alternancia de sexos, en cremallera.
c) Presencia equilibrada entre hombres y mujeres.
d) Igualdad de oportunidades.

23. El artículo 4 de la Ley 12/2007, dispone como uno de los principios generales de actuación de los poderes públicos de Andalucía, en el marco de sus competencias, la *especial protección* del derecho a la igualdad de trato de:

a) Las mujeres que viven en el medio rural.
b) Las mujeres que formen parte de los órganos de representación y de toma de decisiones.

c) Las mujeres o colectivos de mujeres que se encuentren en riesgo de padecer múltiples situaciones de discriminación.

d) Las mujeres, en lo que se refiere al empleo, a la formación profesional y a las condiciones de trabajo.

24. Según el artículo 5 del Decreto 17/2012, de 7 de febrero, por el que se regula la elaboración del informe de evaluación del impacto de género, un extremo que ha de contener dicho informe es la identificación y análisis del .... social de partida de mujeres y hombres en relación con la disposición de que se trate. Señalar la palabra que falta en la frase anterior:

a) Contexto.
b) Entorno.
c) Medio.
d) Ámbito.

25. Según el artículo 7 de la Ley 12/2007, de 26 de noviembre, para la promoción de la igualdad de género en Andalucía, el Consejo de Gobierno de la Junta de Andalucía formulará un Plan Estratégico para la Igualdad de Mujeres y Hombres en Andalucía, con la participación de:

a) Todas las consejerías.
b) El Gobierno de la Nación.
c) El Parlamento de Andalucía.
d) Las Entidades Locales.

26. Según el artículo 10 de la Ley 12/2007, de 26 de noviembre, para la promoción de la igualdad de género en Andalucía, los poderes públicos de Andalucía, para garantizar de modo efectivo la integración de la perspectiva de género en su ámbito de actuación, deberán analizar y cuantificar el valor de:

a) La corresponsabilidad.
b) Las tareas del hogar.
c) La crianza de los hijos.
d) Los cuidados.

27. Según el artículo 13 de la Ley 12/2007, de 26 de noviembre, para la promoción de la igualdad de género en Andalucía, la Administración de la Junta de Andalucía incorporará a las bases reguladoras de las subvenciones públicas la valoración de actuaciones de efectiva consecución de la igualdad de género por parte de las entidades solicitantes:

a) En todo caso.
b) Salvo que, por Ley, se exima expresamente de tal valoración.

c) Salvo en aquellos casos en que, por la naturaleza de la subvención o de las entidades solicitantes, esté justificada su no incorporación.

d) Salvo que se trate de subvenciones de carácter sectorial.

28. Según la OMS, los roles socialmente construidos, comportamientos, actividades y atributos que una sociedad considera como apropiados para hombres y mujeres, se refieren al concepto de:

a) Sexo.
b) Orientación.
c) Género.
d) Identidad.

29. Representa el conjunto de derechos civiles, políticos y sociales inherentes a la misma:

a) Ciudadanía responsable.
b) Ciudadanía formal.
c) Ciudadanía comunitaria.
d) Ciudadanía sustantiva.

30. La actitud negativa hacia un grupo social o hacia una persona percibida como miembro de ese grupo se llama:

a) Prejuicio.
b) Discriminación.
c) Estereotipo.
d) Exclusión.

31. Según Gaertner, el conjunto comprimido de creencias consensuadas sobre las características de un grupo particular se llama:

a) Prejuicio.
b) Discriminación.
c) Estereotipo.
d) Exclusión.

32. La actitud dirigida hacia las personas en virtud de su pertenencia a los grupos basados en el sexo biológico, hombres y mujeres, se llama:

a) Discriminación.
b) Prejuicio.
c) Estereotipo.
d) Sexismo.

33. La actitud prejuiciosa o conducta discriminatoria basada en la supuesta inferioridad de las mujeres como grupo encuentra su base en:

a) El sexismo tradicional.
b) El neosexismo.
c) El sexismo ambivalente.
d) El sexismo benévolo.

34. El sexismo benévolo posee tres componentes básicos. Señala el que no corresponda:

a) El paternalismo protector.
b) La intimidad heterosexual.
c) La diferenciación de género competitiva.
d) La diferenciación de género complementaria.

35. Señala qué Anexo del Acuerdo regulador de condiciones de trabajo del personal funcionarial del Ayuntamiento de Cádiz 2022-2025 contiene el Protocolo para la prevención, detección, actuación y reparación frente al acoso sexual y por razón de sexo:

a) El Anexo 2.
b) El Anexo 4.
c) El Anexo 7.
d) El Anexo 10.

36. ¿Cuál de los siguientes es el objetivo general del Protocolo para la prevención, detección, actuación y reparación frente al acoso sexual y por razón de sexo del Ayuntamiento de Cádiz?

a) Prevenir y erradicar las situaciones constitutivas de acoso sexual y por razón de sexo.
b) Garantizar la seguridad, la integridad y la dignidad de las personas afectadas, así como la atención integral de las personas afectadas.
c) Establecer una estructura específica y determinar procedimientos de intervención y acompañamiento para atender y resolver estas situaciones con la máxima celeridad, siempre dentro de los plazos establecidos.
d) Aplicar las medidas necesarias para la protección de las personas afectadas y la eliminación de actitudes, prácticas o comportamientos de acoso.

37. En relación al ámbito de aplicación del Protocolo para la prevención, detección, actuación y reparación frente al acoso sexual y por razón de sexo del Ayuntamiento de Cádiz, NO es cierto que:

a) El ámbito de aplicación incluye a cualquier persona que, aun bajo la dependencia de un tercero, realice actividades o preste servicios en el Ayuntamiento.
b) Se excluyen del ámbito de aplicación los cargos políticos, el personal directivo o similar.

c) Será de aplicación a todo el personal del Ayuntamiento, sea cual sea el carácter o la naturaleza jurídica o la duración de su relación laboral.

d) Se aplicará a la ciudadanía usuaria de los servicios del Ayuntamiento.

38. Conforme al Protocolo para la prevención, detección, actuación y reparación frente al acoso sexual y por razón de sexo del Ayuntamiento de Cádiz, se considerará acoso de tipo muy grave:

a) Gestos obscenos.

b) Insinuaciones sexuales.

c) Contacto físico innecesario, rozamientos.

d) Impartir órdenes vejatorias, cuando se realiza sobre una persona por razón de sexo.

39. A cuál de los siguientes órganos corresponde impulsar y validar el seguimiento periódico de la aplicación del Protocolo para la prevención, detección, actuación y reparación frente al acoso sexual y por razón de sexo del Ayuntamiento de Cádiz:

a) Asesoría Confidencial.

b) Comisión Técnica multidisciplinar de elaboración.

c) Comisión directiva de impulso y contraste.

d) Comité de Investigación.

40. A partir de su inicio, el procedimiento formal de actuación del Protocolo para la prevención, detección, actuación y reparación frente al acoso sexual y por razón de sexo del Ayuntamiento de Cádiz, tendrá una duración máxima hasta la elaboración y comunicación del informe de valoración, por regla general, de:

a) 20 días laborales.

b) 30 días laborales.

c) 3 meses.

d) 6 meses.

Solución al test n.º 2

1. c) Artículo 14.

2. a) Promover, remover y facilitar.

3. a) Transversalidad de género y representación equilibrada.

4. b) Eliminar las desigualdades entre el hombre y la mujer y promover su igualdad.

5. c) No se considera discriminación indirecta si dicha disposición, criterio o práctica pueden justificarse objetivamente en atención a una finalidad legítima y los medios para alcanzar dicha finalidad son necesarios y adecuados.

6. d) En cualquier caso se considera discriminatoria, sea directa o indirecta.

7. c) Discriminación directa por razón de sexo.

8. c) Acoso por razón de sexo.

9. a) Acto de discriminación por razón de sexo.

10. b) Discriminación por razón de sexo.

11. d) Disuasorio.

12. b) Nulos y sin efecto.

13. d) Proporcionadas.

14. b) Incluso tras la terminación de la relación en la que supuestamente se ha producido la discriminación.

15. c) Las personas físicas y jurídicas con interés legítimo.

16. b) Sobre acoso sexual y acoso por razón de sexo.

17. b) En las bases de los concursos para la provisión de puestos de trabajo se computará, a los efectos de valoración del trabajo desarrollado y de los correspondientes méritos, el tiempo que las personas candidatas hayan permanecido en excedencia, reducción de jornada o permisos relacionados con la maternidad.

18. c) Acompañarse de un informe de impacto de género, salvo en casos de urgencia.

19. d) Cuando el periodo de vacaciones coincida con una incapacidad temporal derivada del embarazo, parto o lactancia natural, o con el permiso de maternidad, o con su ampliación por lactancia, la empleada pública tendrá derecho a disfrutar las vacaciones en fecha distinta, aunque haya terminado el año natural al que correspondan.

20. d) Solidaridad.

21. d) Integral.

22. c) Presencia equilibrada entre hombres y mujeres.

23. c) Las mujeres o colectivos de mujeres que se encuentren en riesgo de padecer múltiples situaciones de discriminación.

24. a) Contexto.

25. d) Las Entidades Locales.

26. d) Los cuidados.

27. c) Salvo en aquellos casos en que, por la naturaleza de la subvención o de las entidades solicitantes, esté justificada su no incorporación.

28. c) Género.

29. d) Ciudadanía sustantiva.

30. a) Prejuicio.

31. c) Estereotipo.

32. d) Sexismo.

33. a) El sexismo tradicional.

34. c) La diferenciación de género competitiva.

35. d) El Anexo 10.

36. a) Prevenir y erradicar las situaciones constitutivas de acoso sexual y por razón de sexo.

37. b) Se excluyen del ámbito de aplicación los cargos políticos, el personal directivo o similar.

38. d) Impartir órdenes vejatorias, cuando se realiza sobre una persona por razón de sexo.

39. c) Comisión directiva de impulso y contraste.

40. b) 30 días laborales.

TEST N.º 3

Prevención de Riesgos Laborales. Definiciones. Derecho a la protección frente a los riesgos laborales. Principios de la acción preventiva

1. ¿Qué se entiende por "riesgo laboral?

a) La posibilidad de que un trabajador sufra un determinado daño derivado del trabajo.
b) La posibilidad de que un trabajador sufra una enfermedad en el trabajo.
c) La posibilidad de que un trabajador sufra acoso.
d) El riesgo que supone el ir a trabajar.

2. ¿Quién debe garantizar a los trabajadores la vigilancia periódica de su estado de salud en función de los riesgos inherentes al trabajo?

a) La Inspección de Trabajo.
b) El propio trabajador.
c) El empresario.
d) Las secciones sindicales.

3. El derecho básico reconocido a los trabajadores por la Ley 31/1995, de 8 de noviembre, es:

a) La vigilancia de su estado de salud.
b) Una protección eficaz en materia de seguridad y salud en el trabajo.
c) La formación en materia preventiva.
d) La información, consulta y participación.

4. Indica cuál es la definición de prevención:

a) La probabilidad racional de que un riesgo se materialice de forma inminente.
b) El estudio de los procesos potencialmente peligrosos para el trabajo.
c) Conjunto de actividades o medidas adoptadas o previstas en todas las fases de actividad de la empresa con el fin de evitar o disminuir los riesgos derivados del trabajo.
d) Posibilidad de que un trabajador sufra un determinado daño derivado del trabajo.

43

5. Señale la respuesta incorrecta:

a) La Ley de Prevención de Riesgos Laborales se aplica a los operativos de Seguridad civil en casos de catástrofe.
b) La Ley de Prevención de Riesgos Laborales se aplica a las sociedades cooperativas.
c) La Ley de Prevención de Riesgos Laborales se aplica a la relación laboral de carácter especial del servicio del hogar familiar.
d) En los establecimientos penitenciarios, se adaptarán a la Ley de Prevención de Riesgos Laborales aquellas actividades cuyas características justifiquen una regulación especial.

6. ¿Cuál es la vigente Ley de Prevención de Riesgos Laborales?

a) Ley 32/1995, de 8 de noviembre.
b) Ley 30/1996, de 8 de noviembre.
c) Ley 31/1995, de 6 de noviembre.
d) Ley 31/1995, de 8 de noviembre.

7. Entre los principios de la acción preventiva recogidos por el artículo 15 de la Ley de Prevención de Riesgos Laborales, no figura:

a) Evitar los riesgos.
b) Evaluar los riesgos que se puedan evitar.
c) Tener en cuenta la evolución de la técnica.
d) Dar las debidas instrucciones a los trabajadores.

8. La evaluación de los riesgos laborales es:

a) Es un proceso técnico en la organización del trabajo.
b) Un proceso dirigido a estimar la magnitud de los riesgos que no hayan podido evitarse.
c) Es un procedimiento estático.
d) Es una práctica para el control y la protección de los trabajadores.

9. Según establece el art. 4 de la Ley 31/1995, de 8 de noviembre, de Prevención de Riesgos Laborales, se define como daños derivados del trabajo:

a) La posibilidad de que un trabajador sufra un determinado daño derivado del trabajo.
b) El que resulte probable racionalmente que se materialice en un futuro inmediato y pueda suponer y pueda suponer un daño grave para la salud de los trabajadores.
c) Las enfermedades, patologías o lesiones sufridas con motivo u ocasión del trabajo.
d) Cualquier máquina, aparato, instrumento o instalación utilizada en el trabajo.

10. Los instrumentos esenciales para la gestión y aplicación del Plan de prevención de riesgos laborales son:

a) La evaluación de riesgos y la planificación de la actividad preventiva.
b) La evaluación inicial de riesgos y la formación.

c) La planificación y la gestión de la actividad preventiva.

d) La identificación y la evaluación de los riesgos.

11. La prevención de riesgos laborales deberá integrarse en el sistema general de gestión de la empresa a través de:

a) La política preventiva.

b) El plan de prevención.

c) El consenso de las partes.

d) El poder de decisión del empresario.

12. El objeto y carácter de la norma de la Ley 31/1995 de Prevención de Riesgos Laborales dice:

a) La presente ley tiene por objeto promover la salud de los trabajadores mediante la aplicación de medidas y el desarrollo de las actividades necesarias para la prevención de riesgos derivados del trabajo.

b) La presente ley tiene por objeto promover la seguridad y la salud de los trabajadores mediante la aplicación de medidas y el desarrollo de las actividades necesarias para la prevención de riesgos derivados del trabajo.

c) La presente ley tiene por objeto promover la seguridad de los trabajadores mediante la aplicación de medidas y el desarrollo de las actividades necesarias para la prevención de riesgos derivados del trabajo.

d) La presente ley tiene por objeto promover la seguridad, la salud de los trabajadores y la negociación entre empresa y delegados de prevención, mediante la aplicación de medidas y el desarrollo de las actividades necesarias para la prevención de riesgos derivados del trabajo.

13. La acción preventiva en la empresa:

a) Se planificará por el Comité de Seguridad y Salud a partir de una evaluación inicial de riesgos.

b) Se planificará por los Delegados de Prevención a partir de una evaluación inicial de riesgos.

c) Se planificará por el empresario a partir de una evaluación inicial de riesgos.

d) Se planificará por los Delegados de Personal a partir de una evaluación inicial de riesgos.

14. ¿Cuándo se deben utilizar los equipos de protección individual?

a) Siempre.

b) Cuando los riesgos no hayan sido evaluados.

c) Cuando los riesgos no se puedan evitar o no puedan limitarse.

d) Cuando el trabajador lo estime oportuno.

15. ¿Debe el trabajador prestar su consentimiento para que le realicen vigilancia de la salud?

a) No.
b) Sí.
c) Depende del número de trabajadores de la empresa.
d) Esta prestación es solo para personal fijo en la empresa.

16. Según la Ley de Prevención de Riesgos Laborales, es obligación de los trabajadores en materia de prevención de riesgos:

a) La protección eficaz en materia de seguridad y salud en el trabajo.
b) Utilizar correctamente los medios y equipos de protección facilitados por el empresario, de acuerdo con las instrucciones recibidas de este.
c) Soportar el coste de las medidas relativas a la seguridad y la salud en el trabajo.
d) Desarrollar una acción permanente de seguimiento de la actividad preventiva.

17. Las actividades o medidas que adoptan las empresas en todas sus fases de actividad y tendentes a disminuir o evitar los riesgos derivados del trabajo, se denomina por la Ley 31/1995:

a) Cuidados.
b) Protección.
c) Previsión.
d) Prevención.

18. Según la Ley de Prevención de Riesgos Laborales, la posibilidad de que un trabajador sufra un determinado daño derivado del trabajo constituye:

a) Riesgo laboral.
b) Daño derivado del trabajo.
c) Prevención.
d) Condición de trabajo.

19. Según la Ley de Prevención de Riesgos Laborales, se considerarán como "daños derivados del trabajo":

a) Las lesiones sufridas en accidentes de trabajo.
b) Las enfermedades, patologías o lesiones sufridas con motivo u ocasión del trabajo.
c) Las enfermedades profesionales.
d) Ninguna es correcta.

20. Se considera como "condición de trabajo":

a) Cualquier característica del trabajo que pueda tener una influencia significativa en la generación de riesgos para la seguridad y la salud del trabajador, quedando excluidas las características generales de los locales e instalaciones, existentes en el centro de trabajo.
b) La naturaleza de los agentes físicos, químicos y biológicos presentes en el ambiente de trabajo y sus correspondientes intensidades, concentraciones o niveles de presencia además de las instalaciones, incluidas las características organizativas del trabajo.

c) Todas aquellas características del trabajo, excluidas las relativas a su organización y ordenación, que influyan en la magnitud de los riesgos a que esté expuesto el trabajador.

d) Todas son correctas.

21. Cualquier característica del trabajo que pueda tener una influencia significativa en la generación de riesgos para la seguridad y la salud del trabajador, es:

a) Una condición de trabajo.

b) Un factor de riesgo.

c) Un proceso potencialmente peligroso.

d) Una zona peligrosa.

22. El proceso dirigido a estimar la magnitud de aquellos riesgos que no hayan podido evitarse, obteniendo la información necesaria para que el empresario esté en condiciones de tomar una decisión apropiada sobre la necesidad de adoptar medidas preventivas y, en tal caso, sobre el tipo de medidas que deben adoptarse, se llama:

a) Adaptación del puesto de trabajo.

b) Evaluación de los riesgos laborales.

c) Plan de prevención de riesgos laborales.

d) Señalización de seguridad y salud en el trabajo.

23. En el marco de sus responsabilidades, el empresario realizará la prevención de los riesgos laborales mediante la integración en la empresa de:

a) Los equipos de protección individual.

b) Los Servicios de Prevención propios.

c) La actividad preventiva.

d) La normativa comunitaria.

24. De acuerdo con lo establecido en la normativa reguladora de la prevención de riesgos laborales ¿cuál de los siguientes NO es un principio de la acción preventiva?

a) Evaluar los riesgos que no se puedan evitar.

b) Adoptar medidas que antepongan la protección individual a la colectiva.

c) Evitar los riesgos como primera medida.

d) Combatir los riesgos en su origen.

25. ¿Qué se define como "posibilidad de que un trabajador sufra un determinado daño derivado del trabajo"?

a) Accidente.

b) Accidente biológico.

c) Enfermedad profesional.

d) Riesgo laboral.

Solución al test n.º 3

1. a) La posibilidad de que un trabajador sufra un determinado daño derivado del trabajo.

2. c) El empresario.

3. b) Una protección eficaz en materia de seguridad y salud en el trabajo.

4. c) Conjunto de actividades o medidas adoptadas o previstas en todas las fases de actividad de la empresa con el fin de evitar o disminuir los riesgos derivados del trabajo.

5. a) La Ley de Prevención de Riesgos Laborales se aplica a los operativos de Seguridad civil en casos de catástrofe.

6. d) Ley 31/1995, de 8 de noviembre

7. b) Evaluar los riesgos que se puedan evitar.

8. b) Un proceso dirigido a estimar la magnitud de los riesgos que no hayan podido evitarse.

9. c) Las enfermedades, patologías o lesiones sufridas con motivo u ocasión del trabajo.

10. a) La evaluación de riesgos y la planificación de la actividad preventiva.

11. b) El plan de prevención.

12. b) La presente ley tiene por objeto promover la seguridad y la salud de los trabajadores mediante la aplicación de medidas y el desarrollo de las actividades necesarias para la prevención de riesgos derivados del trabajo.

13. c) Se planificará por el empresario a partir de una evaluación inicial de riesgos.

14. c) Cuando los riesgos no se puedan evitar o no puedan limitarse.

15. b) Sí.

16. b) Utilizar correctamente los medios y equipos de protección facilitados por el empresario, de acuerdo con las instrucciones recibidas de este.

17. d) Prevención.

18. a) Riesgo laboral.

19. b) Las enfermedades, patologías o lesiones sufridas con motivo u ocasión del trabajo.

20. b) La naturaleza de los agentes físicos, químicos y biológicos presentes en el ambiente de trabajo y sus correspondientes intensidades, concentraciones o niveles de presencia además de las instalaciones, incluidas las características organizativas del trabajo.

21. a) Una condición de trabajo.

22. b) Evaluación de los riesgos laborales.

23. c) La actividad preventiva.

24. b) Adoptar medidas que antepongan la protección individual a la colectiva.

25. d) Riesgo laboral.

MATERIAS ESPECÍFICAS

TEST N.º 1

**La atención al ciudadano: principios que deben
regir la atención al ciudadano. Derechos del ciudadano
en su trato con las Administraciones Públicas. Las Oficinas
de Atención al Ciudadano. Tipos de comunicación**

1. Indica qué palabra falta en la siguiente frase: "Según el artículo 9 de la Constitución Española, corresponde a los poderes públicos .... las condiciones para que la libertad y la igualdad del individuo y de los grupos en que se integra sean reales y efectivas; remover los obstáculos que impidan o dificulten su plenitud y facilitar la participación de todos los ciudadanos en la vida política, económica, cultural y social":

a) Impulsar.
b) Proporcionar.
c) Materializar.
d) Promover.

2. Según el artículo 51 de la Constitución, los poderes públicos promoverán la información y la educación de los consumidores y usuarios, fomentarán sus organizaciones y oirán a éstas en las cuestiones que puedan afectar a aquellos:

a) En los términos que la ley establezca.
b) En los términos que reglamentariamente se establezca.
c) En los términos que disponga una ley orgánica.
d) Con arreglo a lo dispuesto en su legislación específica.

3. Cualquier ciudadano podrá recabar la tutela de las libertades y derechos reconocidos en el artículo 14 de la Constitución y la Sección primera del Capítulo segundo ante los Tribunales ordinarios por un procedimiento basado en los principios de preferencia y:

a) Urgencia.
b) Sumariedad.
c) Amparo.
d) Universalidad.

4. Señala la opción incorrecta. Según el artículo 105 de la Constitución, la Ley regulará el acceso de los ciudadanos a los archivos y registros administrativos, salvo en lo que afecte a:

a) La seguridad y defensa del Estado.
b) La averiguación de los delitos.
c) La intimidad de las personas.
d) La organización de la Administración Pública.

5. En el caso de usuarios de la Administración Pública con un perfil hablador, se recomienda el siguiente trato:

a) Tratarles en reservado.
b) Encauzarles en el tema.
c) Permanecer impasibles.
d) Adulación.

6. Es una característica del ciudadano-cliente presuntuoso:

a) Preguntar mucho.
b) Prefieren escuchar.
c) Van directamente al asunto.
d) Creen saberlo todo.

7. Es el proceso mental consistente en seleccionar, organizar e interpretar información con la finalidad de darle un significado:

a) La expectación.
b) El pensamiento.
c) La percepción.
d) La subjetividad.

8. Manera de comportarse de la gente cuando está hostil, pero no lo sacan a relucir:

a) Comportamiento pasivo.
b) Comportamiento agresivo.
c) Comportamiento pasivo-agresivo.
d) Comportamiento asertivo.

9. La retroalimentación en la comunicación también se conoce como:

a) *Feedback*.
b) *Feeling*.
c) Simbiosis.
d) Fenómeno eco.

10. ¿Cuál de las palabras siguientes define el fenómeno eco en la comunicación?

a) Transferencia.
b) Retroalimentación.
c) *Feeling*.
d) Reformulación.

11. No es una parte de la acogida al ciudadano:

a) Presentación.
b) Puesta a su disposición.
c) Negociación.
d) Saludo.

12. Cualquiera que sea el origen de una reclamación, el objetivo a alcanzar por el empleado de la Administración es:

a) La prevalencia del criterio de la Administración.
b) La satisfacción del ciudadano.
c) Disminuir la tensión.
d) La rapidez en la gestión.

13. Para disminuir la tensión en el trato con un cliente enfadado es recomendable:

a) Sentirse personalmente afectado, pero evitando la responsabilidad.
b) No entrar en discusión.
c) Dar la impresión de no estar afectados y de que no nos concierne.
d) Hacerse oír, para que el cliente hable lo menos posible.

14. La Red de Oficinas Integradas de Atención al Ciudadano se construyó a través de acuerdos denominados:

a) Acuerdos PRISMA.
b) Pactos de colaboración.
c) Convenios marco 060.
d) Convenios de la Red 2000.

15. ¿Qué niveles administrativos participan en la red 060?

a) Únicamente el nivel estatal.
b) Nivel estatal y autonómico.
c) Nivel estatal y local.
d) Estatal, autonómico y entidades locales.

16. A partir de la entrada en funcionamiento del Registro Electrónico General siguiendo lo previsto en la LPACAP, los registros asistidos por la actual red de oficinas en materia de registros, no desaparecerán pero pasarán a denominarse:

a) Oficinas de asistencia en materia de registros.
b) Oficinas auxiliares de registro.
c) Oficinas generales de registro.
d) Oficinas secundarias de registro.

17. La información general se facilitará obligatoriamente a los ciudadanos:

a) Que acrediten un interés legítimo en la materia.
b) Sin exigir para ello la acreditación de legitimación alguna.
c) Que tengan la condición de interesados en cada procedimiento o a sus representantes legales.
d) A los que se refiera la información.

18. Según el RD 208/1996, ofrecer las aclaraciones y ayudas de índole práctica que los ciudadanos requieren sobre procedimientos, trámites, requisitos y documentación para los proyectos, actuaciones o solicitudes que se propongan realizar, o para acceder al disfrute de un servicio público o beneficiarse de una prestación, es la finalidad de la siguiente función de atención al ciudadano:

a) De orientación e información.
b) De recepción y acogida.
c) De recepción de las quejas y reclamaciones.
d) De gestión.

19. Las actuaciones de trámite y resolución de las cuestiones cuya urgencia y simplicidad demanden una respuesta inmediata, están comprendidas, en relación con los procedimientos administrativos, dentro de la función de:

a) Orientación e información.
b) Recepción y acogida.
c) Recepción de las quejas y reclamaciones.
d) Gestión.

20. ¿Pueden las Fuerzas o institutos armados o de los cuerpos de seguridad con disciplina militar, ejercer el derecho de petición?

a) No, en ningún caso.
b) Sí, en cualquier caso.
c) Sólo individualmente.
d) Sólo colectivamente.

21. Recibida la queja o sugerencia, la unidad designada al efecto informará al interesado de las actuaciones realizadas en el plazo de:

a) 10 días hábiles.
b) 15 días hábiles.
c) 15 días naturales.
d) 20 días hábiles.

22. Una manifestación o declaración de un ciudadano en la que este transmite una idea con la que pretende mejorar los servicios que presta la institución o alguno de sus procesos o bien solicita la prestación de un servicio o actuación no previsto o no ofrecido, es:

a) Una queja.
b) Un recurso administrativo.
c) Una sugerencia.
d) Una petición.

23. La información particular es:

a) La referida a los requisitos jurídicos o técnicos que las disposiciones impongan a los proyectos, actuaciones o solicitudes que los ciudadanos se propongan realizar.
b) La concerniente al estado o contenido de los procedimientos en tramitación, y a la identificación de las autoridades y personal al servicio de las Administración General del Estado y de las entidades de derecho público vinculadas o dependientes de la misma bajo cuya responsabilidad se tramiten aquellos procedimientos.
c) La referente a la tramitación de procedimientos, a los servicios públicos y prestaciones, así como a cualesquiera otros datos que los ciudadanos tengan necesidad de conocer en sus relaciones con las Administraciones públicas, en su conjunto, o con alguno de sus ámbitos de actuación.
d) La relativa a la identificación, fines, competencia, estructura, funcionamiento y localización de organismos y unidades administrativas.

24. En relación con la información particular, es cierto que:

a) Se facilitará obligatoriamente a los ciudadanos, sin exigir para ello la acreditación de legitimación alguna.
b) Sólo podrá ser facilitada a las personas que tengan la condición de interesados en cada procedimiento o a sus representantes legales.
c) No podrá referirse a los datos de carácter personal que afecten de alguna forma a la intimidad o privacidad de las personas físicas.
d) Cuando resulte conveniente una mayor difusión, deberá ofrecerse a los grupos sociales o instituciones que estén interesados en su conocimiento.

25. ¿Qué funciones de la atención personalizada a los ciudadanos tienen por objeto facilitar a éstos la orientación y ayuda que precisen en el momento inicial de su visita, y, en particular, la relativa a la localización de dependencias y funcionarios?

a) Funciones de recepción de las iniciativas o sugerencias formuladas por los ciudadanos.
b) Funciones de orientación e información.
c) Funciones de recepción y acogida a los ciudadanos.
d) Funciones de asistencia a los ciudadanos en el ejercicio del derecho de petición.

26. En la atención personalizada al ciudadano, las funciones de gestión, en relación con los procedimientos administrativos, ¿comprenderá la recepción de la documentación inicial de un expediente?

a) No, en ningún caso.
b) Sí, en todo caso.
c) Sí, siempre que se trate de procedimientos urgentes.
d) Sí, cuando así se haya dispuesto reglamentariamente.

27. Las aclaraciones y ayudas de índole práctica requeridas por los ciudadanos sobre procedimientos, trámites, requisitos y documentación para los proyectos, actuaciones o solicitudes que se propongan realizar, o para acceder al disfrute de un servicio público o beneficiarse de una prestación, no pueden entrañar:

a) Una interpretación normativa.
b) Una simple determinación de conceptos.
c) Una información de opciones legales.
d) Una colaboración en la cumplimentación de impresos o solicitudes.

28. Las quejas formuladas conforme a lo previsto en el RD. 951/2005, de 29 de julio, por el que se establece el marco general para la mejora de la calidad en la Administración General del Estado:

a) Tendrán la calificación de recurso administrativo.
b) Condicionarán el ejercicio de las restantes acciones o derechos que, de conformidad con la normativa reguladora de cada procedimiento, puedan ejercer aquellos que en se consideren interesados en el procedimiento.
c) Han de formularse por medios telemáticos.
d) Pueden formularse presencialmente.

29. Según el RD 951/2005, al ciudadano que interpone una queja o sugerencia se le podrá requerir que formule las aclaraciones necesarias para su correcta tramitación, en un plazo de:

a) 10 días hábiles.
b) 15 días hábiles.

c) 20 días hábiles.

d) Un mes.

30. Según la Ley 39/2015, de 1 de octubre, del Procedimiento Administrativo Común de las Administraciones Públicas, las personas físicas:

a) Podrán elegir si se comunican con las Administraciones Públicas a través de medios electrónicos o no.

b) Podrán optar por un medio de comunicación y éste no podrá ser modificado.

c) Proveerán los medios y sistemas electrónicos con los que desean comunicarse.

d) No podrán ser obligadas a relacionarse a través de medios electrónicos con las Administraciones Públicas.

31. De acuerdo con lo previsto en la LPACAP y en el resto del ordenamiento jurídico, quienes tienen capacidad de obrar ante las Administraciones Públicas, son titulares, en sus relaciones con ellas, del derecho a utilizar las lenguas oficiales:

a) Únicamente ante las Administraciones que expresamente lo contemplen en su normativa de funcionamiento.

b) En el territorio de su Comunidad Autónoma.

c) En todo el territorio español.

d) En el territorio de los municipios que así lo dispongan.

32. Según el artículo 14 de la LPACAP, no están obligados a relacionarse electrónicamente con las Administraciones Públicas para la realización de cualquier trámite de un procedimiento administrativo:

a) Los empleados de las Administraciones Públicas en toda relación con estas.

b) Los notarios, en el ejercicio de su actividad profesional.

c) Los registradores mercantiles, en el ejercicio de su actividad profesional.

d) Las entidades sin personalidad jurídica.

33. Es una función del servicio telefónico de la Administración:

a) Ofrecer información administrativa a través de múltiples canales.

b) Ofrecer información administrativa de carácter particular que sirva de orientación a los ciudadanos que hayan de relacionarse con la Administración.

c) Asistir a los ciudadanos en el ejercicio del derecho de petición reconocido en el artículo 29 de la Constitución.

d) Permitir el acceso directo a los órganos directivos de la Administración.

34. No están obligados a relacionarse a través de medios electrónicos con las Administraciones Públicas para la realización de cualquier trámite de un procedimiento administrativo:

a) Las entidades sin personalidad jurídica.

b) Todo aquel que ostente la representación de un interesado.

c) Quienes ejerzan una actividad profesional para la que se requiera colegiación obligatoria, para los trámites y actuaciones que realicen con las Administraciones Públicas en ejercicio de dicha actividad profesional.

d) Las personas jurídicas.

35. Los registros electrónicos de las Administraciones Públicas deben permitir la presentación de solicitudes, escritos y comunicaciones:

a) Los mismos días hábiles que el resto de registros.

b) En el horario de presencia de los funcionarios a su cargo.

c) Al menos 12 horas al día, todos los días lectivos.

d) Todos los días del año durante las 24 horas.

Solución al test n.º 1

1. d) Promover.

2. a) En los términos que la ley establezca.

3. b) Sumariedad.

4. d) La organización de la Administración Pública.

5. b) Encauzarles en el tema.

6. d) Creen saberlo todo.

7. c) La percepción.

8. c) Comportamiento pasivo-agresivo.

9. a) *Feedback*.

10. d) Reformulación.

11. c) Negociación.

12. b) La satisfacción del ciudadano.

13. b) No entrar en discusión.

14. c) Convenios marco 060.

15. d) Estatal, autonómico y entidades locales.

16. a) Oficinas de asistencia en materia de registros.

17. b) Sin exigir para ello la acreditación de legitimación alguna.

18. a) De orientación e información.

19. d) Gestión.

20. c) Sólo individualmente.

21. d) 20 días hábiles.

22. c) Una sugerencia.

23. b) La concerniente al estado o contenido de los procedimientos en tramitación, y a la identificación de las autoridades y personal al servicio de las Administración General del Estado y de las entidades de derecho público vinculadas o dependientes de la misma bajo cuya responsabilidad se tramiten aquellos procedimientos.

24. b) Sólo podrá ser facilitada a las personas que tengan la condición de interesados en cada procedimiento o a sus representantes legales.

25. c) Funciones de recepción y acogida a los ciudadanos.

26. d) Sí, cuando así se haya dispuesto reglamentariamente.

27. a) Una interpretación normativa.

28. d) Pueden formularse presencialmente.

29. a) 10 días hábiles.

30. a) Podrán elegir si se comunican con las Administraciones Públicas a través de medios electrónicos o no.

31. b) En el territorio de su Comunidad Autónoma.

32. a) Los empleados de las Administraciones Públicas en toda relación con estas.

33. c) Asistir a los ciudadanos en el ejercicio del derecho de petición reconocido en el artículo 29 de la Constitución.

34. b) Todo aquel que ostente la representación de un interesado.

35. d) Todos los días del año durante las 24 horas.

La notificación: contenido, plazo y práctica.
La notificación defectuosa. La publicación

1. El órgano que dicte las resoluciones y actos administrativos:

a) Los notificará a los interesados cuyos derechos e intereses sean afectados por aqué-laquellos.
b) Los debe notificar a todo el mundo.
c) Los debe comunicar públicamente pero solamente a los interesados.
d) Los debe comunicar a todo el mundo.

2. La notificación de la resolución administrativa a los interesados debe ser cursada:

a) Dentro del plazo de dos días a partir de la fecha de emisión de la misma.
b) Dentro del plazo de cinco días a partir de la fecha de emisión de la misma.
c) Dentro del plazo de diez días a partir de la fecha de emisión de la misma.
d) Dentro del plazo de quince días a partir de la fecha de emisión de la misma.

3. La notificación del acto administrativo a los interesados debe ser cursada:

a) Dentro del plazo de dos días a partir de la fecha en que el acto haya sido dictado.
b) Dentro del plazo de cinco días a partir de la fecha en que el acto haya sido dictado.
c) Dentro del plazo de diez días a partir de la fecha en que el acto haya sido dictado.
d) Dentro del plazo de quince días a partir de la fecha en que el acto haya sido dictado.

4. La notificación del acto administrativo a los interesados debe contener:

a) El texto íntegro de la resolución, con indicación de si pone fin o no a la vía administrativa.
b) La expresión de los recursos que procedan, en su caso, en vía administrativa y judicial.
c) El órgano ante el que deban presentarse los recursos y el plazo para interponerlos, sin perjuicio de que los interesados puedan ejercitar, en su caso, cualquier otro que estimen procedente.
d) Todas las respuestas anteriores son correctas.

5. Las notificaciones que, conteniendo el texto íntegro del acto, omitiesen alguno de los demás requisitos previstos legalmente:

a) No producirán efecto alguno.

b) Surtirán efecto a partir de la fecha en que el interesado realice actuaciones que supongan el conocimiento del contenido y alcance de la resolución o acto objeto de la notificación, o interponga cualquier recurso que proceda.

c) Producirán efectos en todo caso.

d) Solo producirán efectos si el interesado así lo solicita.

6. Indica la respuesta correcta:

a) A los solos efectos de entender cumplida la obligación de notificar dentro del plazo máximo de duración de los procedimientos, será suficiente que la notificación contenga, cuando menos, el texto íntegro de la resolución, así como el intento de notificación debidamente acreditado.

b) A los solos efectos de entender cumplida la obligación de notificar dentro del plazo máximo de duración de los procedimientos, será suficiente que la notificación contenga, cuando menos, el intento de notificación debidamente acreditado.

c) A los solos efectos de entender cumplida la obligación de notificar dentro del plazo máximo de duración de los procedimientos, será suficiente que la notificación contenga la información que se pueda facilitar.

d) Son correctas las respuestas b) y c).

7. Cuando la resolución administrativa tenga por destinatario más de un interesado:

a) No se podrá hacer traslado de la misma.

b) Las Administraciones públicas podrán adoptar las medidas que consideren necesarias para la protección de los datos personales que consten en la misma.

c) Se permite exceptuar la protección de datos establecida de forma habitual por la ley.

d) Solo se podrá hacer llegar a un interesado.

8. Cuando el acto administrativo tenga por destinatario más de un interesado:

a) No se podrá hacer traslado del mismo.

b) Las Administraciones públicas podrán adoptar las medidas que consideren necesarias para la protección de los datos personales que consten en el mismo.

c) Se permite exceptuar la protección de datos establecida de forma habitual por la ley.

d) Solo se podrá hacer llegar a un interesado.

9. Las notificaciones se practicarán:

a) Preferentemente por medios electrónicos y, en todo caso, cuando el interesado resulte obligado a recibirlas por esta vía.

b) Preferentemente por escrito en documento papel y, en todo caso, cuando el interesado resulte obligado a recibirlas por esta vía.

c) Solo por medios electrónicos.

d) Indistintamente en documento papel o por medios electrónicos.

10. Las notificaciones:

a) Nunca se realizarán por medios electrónicos.

b) Se deben realizar por medios electrónicos cuando el interesado esté obligado a recibirlas por esta vía.

c) Solo se van a realizar por medios electrónicos si el interesado está de acuerdo.

d) Siempre se deben realizar el formato papel u oralmente.

11. Las Administraciones podrán practicar las notificaciones por medios no electrónicos:

a) Nunca.

b) Siempre.

c) Cuando la notificación se realice con ocasión de la comparecencia espontánea del interesado o su representante en las oficinas de asistencia en materia de registro y solicite la comunicación o notificación personal en ese momento.

d) No se establecen por ley los supuestos.

12. Las Administraciones podrán practicar las notificaciones por medios no electrónicos:

a) Nunca.

b) Siempre.

c) Cuando para asegurar la eficacia de la actuación administrativa resulte necesario practicar la notificación por entrega directa de un empleado público de la Administración notificante.

d) No se establecen por ley los supuestos.

13. Indica la respuesta correcta:

a) Con independencia del medio utilizado, las notificaciones serán válidas siempre que permitan tener constancia de su envío o puesta a disposición, de la recepción o acceso por el interesado o su representante, de sus fechas y horas, del contenido íntegro, y de la identidad fidedigna del remitente y destinatario de la misma. La acreditación de la notificación efectuada se incorporará al expediente.

b) Con independencia del medio utilizado, las notificaciones serán válidas siempre que permitan tener constancia de su envío o puesta a disposición, de la recepción o acceso por el interesado o su representante, de sus fechas y horas, del contenido íntegro, y de la identidad fidedigna del remitente y destinatario de la misma. No es necesario contar con la acreditación de la notificación efectuada en el expediente.

c) Las notificaciones serán válidas cuando se tiene constancia de su envío o puesta a disposición y la recepción o acceso por el interesado o su representante.

d) Las notificaciones serán válidas cuando conste la fecha y hora de recepción de la notificación.

14. Las Administraciones podrán establecer la obligación de practicar electrónicamente las notificaciones para determinados procedimientos:

a) Por ley.
b) Por reglamento.
c) Por orden.
d) Por concesión.

15. Las Administraciones podrán establecer la obligación de practicar electrónicamente las notificaciones para ciertos colectivos de personas físicas que por razón de su capacidad económica, técnica, dedicación profesional u otros motivos quede acreditado que tienen acceso y disponibilidad de los medios electrónicos necesarios:

a) Por ley.
b) Por reglamento.
c) Por orden.
d) Por concesión.

16. El interesado podrá identificar un dispositivo electrónico y/o una dirección de correo electrónico que servirán para el envío de los avisos regulados en el artículo 41 de la Ley 39/2015:

a) Y para las notificaciones.
b) Pero no para la práctica de notificaciones.
c) Para la práctica de notificaciones si el interesado así lo establece.
d) Para todo tipo de comunicación.

17. Según la normativa, aquellas en las que el acto a notificar vaya acompañado de elementos que no sean susceptibles de conversión en formato electrónico:

a) Se podrá notificar por medios electrónicos en la medida de lo que se pueda.
b) No se podrán notificar por medios electrónicos.
c) Se notificará en parte a través de medios electrónicos y en formato papel.
d) Se notificarán de forma verbal.

18. Según la normativa, aquellas notificaciones que contengan medios de pago a favor de los obligados, tales como cheques:

a) Se podrá notificar por medios electrónicos en la medida de lo que se pueda.
b) No se podrán notificar por medios electrónicos.
c) Se notificará en parte a través de medios electrónicos y en formato papel.
d) Se notificarán de forma verbal.

19. Establece la normativa que en ningún caso se efectuará por medio electróni-co la siguiente notificación:

a) Aquellas en las que el acto a notificar vaya acompañado de elementos que no sean susceptibles de conversión en formato electrónico.
b) Las que contengan medios de pago a favor de los obligados, tales como cheques.
c) Las que contenga información relativa a terceras personas.
d) Son correctas las respuestas a) y b).

20. En los procedimientos iniciados a solicitud del interesado:

a) La notificación se practicará por el medio señalado al efecto por aquel.
b) La notificación se practicará por el medio señalado al efecto por la Administración pública.
c) La notificación se practicará por el medio señalado al efecto por cualquier interesado.
d) La notificación se practicará por el medio señalado al efecto por aquel por aquel o por la Administración pública.

21. En los procedimientos iniciados a solicitud del interesado:

a) La notificación será electrónica en los casos en los que exista obligación de relacio-narse de esta forma con la Administración.
b) La notificación siempre será electrónica.
c) La notificación nunca podrá ser electrónica.
d) La notificación, excepcionalmente, podrá ser electrónica.

22. Cuando no fuera posible realizar la notificación de acuerdo con lo señalado en la solicitud:

a) Se dará por no notificado.
b) Se practicará en cualquier lugar adecuado a tal fin.
c) Se practicará por cualquier medio que permita tener constancia de la recepción por el interesado o su representante, así como de la fecha, la identidad y el contenido del acto notificado.
d) Son correctas las respuestas b) y c).

23. En los procedimientos iniciados de oficio, las Administraciones públicas po-drán recabar, mediante consulta a las bases de datos del Instituto Nacional de Esta-dística, los datos sobre el domicilio del interesado recogidos en el Padrón Munici-pal, remitidos por las Entidades Locales:

a) A los solos efectos de su iniciación.
b) A todos los efectos.
c) Para su conclusión.
d) Todas las respuestas anteriores son incorrectas.

24. Cuando el interesado o su representante rechace la notificación de una actuación administrativa:

a) Se hará constar en el expediente, especificándose las circunstancias del intento de notificación y el medio, dando por efectuado el trámite y siguiéndose el procedimiento.

b) Se paralizará el procedimiento.

c) No es necesario registrarlo en el expediente.

d) Se hará constar en el expediente, especificándose las circunstancias del intento de notificación y el medio, pero no se da por efectuado el trámite y se paraliza el procedimiento.

25. Las Administraciones públicas enviarán un aviso al dispositivo electrónico y/o a la dirección de correo electrónico del interesado que este haya comunicado, informándole de la puesta a disposición de una notificación en la sede electrónica de la Administración u Organismo correspondiente o en la dirección electrónica habilitada única:

a) Para el caso en que la notificación sea electrónica.

b) Con independencia de que la notificación se realice en papel o por medios electrónicos.

c) Para el caso en que la notificación se realice en papel.

d) Para el caso en que la notificación sea verbal.

26. Las Administraciones públicas enviarán un aviso al dispositivo electrónico y/o a la dirección de correo electrónico del interesado que este haya comunicado, informándole de la puesta a disposición de una notificación en la sede electrónica de la Administración u Organismo correspondiente o en la dirección electrónica habilitada única. La falta de práctica de este aviso:

a) Anula todo el procedimiento.

b) Cancela el procedimiento.

c) No impedirá que la notificación sea considerada plenamente válida.

d) Impedirá que la notificación sea considerada plenamente eficaz.

27. Cuando el interesado fuera notificado por distintos cauces:

a) Se invalida la comunicación.

b) Se tomará como fecha de notificación la de aquella que se hubiera producido en primer lugar.

c) Se tomará como fecha de notificación la de aquella que se hubiera producido en último lugar.

d) Se tomará como fecha de notificación la realizada por medios electrónicos.

28. Todas las notificaciones que se practiquen en papel:

a) Se deben registrar.

b) Deberán ser puestas a disposición del interesado en la sede electrónica de la Administración u Organismo actuante para que pueda acceder al contenido de las mismas de forma voluntaria.

c) Deben ser comunicadas con quince días de antelación.

d) Todas las respuestas anteriores son correctas.

29. Cuando la notificación se practique en el domicilio del interesado, de no hallarse presente este en el momento de entregarse la notificación:

a) Nunca se podrá realizar la misma.

b) Podrá hacerse cargo de la misma cualquier persona mayor de catorce años que se encuentre en el domicilio y haga constar su identidad.

c) Podrá hacerse cargo de la misma cualquier persona mayor de dieciséis años que se encuentre en el domicilio y haga constar su identidad.

d) Podrá hacerse cargo de la misma cualquier persona mayor de dieciocho años que se encuentre en el domicilio y haga constar su identidad.

30. Si nadie se hiciera cargo de la notificación:

a) Se hará constar esta circunstancia en el expediente, junto con el día y la hora en que se intentó la notificación, intento que se repetirá por una sola vez y en una hora distinta dentro de los tres días siguientes.

b) En caso de que el primer intento de notificación se haya realizado antes de las quince horas, el segundo intento deberá realizarse después de las quince horas y viceversa, dejando en todo caso al menos un margen de diferencia de tres horas entre ambos intentos de notificación.

c) Si el segundo intento también resultara infructuoso, se procederá en la forma prevista en la normativa.

d) Todas las respuestas anteriores son correctas.

31. Si nadie se hiciera cargo de la notificación, se hará constar esta circunstancia en el expediente, junto con el día y la hora en que se intentó la notificación:

a) Intento que se repetirá por una sola vez y en una hora distinta dentro de los tres días siguientes.

b) Intento que se repetirá por una sola vez y en una hora distinta dentro de los cinco días siguientes.

c) Intento que se repetirá por una sola vez y en una hora distinta dentro de los siete días siguientes.

d) Intento que se repetirá por una sola vez y en una hora distinta dentro de los diez días siguientes.

32. Si nadie se hiciera cargo de la notificación, se hará constar esta circunstancia en el expediente, junto con el día y la hora en que se intentó la notificación:

a) Intento que se repetirá por una sola.

b) Intento que se repetirá más de una vez.

c) Intento que se repetirá dos veces.

d) Intento que se repetirá como mínimo, tres veces.

33. En caso de que el primer intento de notificación no fructífero se haya realizado antes de las quince horas:

a) El segundo deberá realizarse a primera hora de la mañana.

b) El segundo deberá realizarse en la misma franja horaria.

c) El segundo debe realizarse después de las quince horas, y viceversa, dejando en todo caso al menos un margen de diferencia de tres horas entre ambos intentos de notificación.

d) El segundo debe realizarse después de las quince horas, y viceversa, dejando en todo caso al menos un margen de diferencia de cinco horas entre ambos intentos de notificación.

34. Cuando el interesado accediera al contenido de la notificación en sede electrónica:

a) Se le ofrecerá la posibilidad de que el resto de notificaciones se puedan realizar a través de medios electrónicos.

b) Se comunicará que el resto de notificaciones se puedan realizar a través de medios electrónicos.

c) Se obligará a que el resto de notificaciones se puedan realizar a través de medios electrónicos.

d) Se prohibirá que el resto de notificaciones se puedan realizar a través de medios electrónicos.

35. Las notificaciones por medios electrónicos:

a) Se practicarán mediante comparecencia en la sede electrónica de la Administración u Organismo actuante.

b) Se practicarán a través de la dirección electrónica habilitada única.

c) Se practicarán mediante ambos sistemas, mediante comparecencia en la sede electrónica de la Administración u Organismo actuante o a través de la dirección electrónica habilitada única, según disponga cada Administración u Organismo.

d) Todas las respuestas anteriores son correctas.

36. Las notificaciones por medios electrónicos:

a) Se entenderán practicadas en el momento en que se produzca el acceso a su contenido.

b) Se entenderán practicadas el día siguiente al momento en que se produzca el acceso a su contenido.

c) Se entenderán practicadas en el momento en que se realice.

d) Se entenderán practicadas a las 48 h respecto del momento en que se produzca el acceso a su contenido.

37. Cuando la notificación por medios electrónicos sea de carácter obligatorio:

a) Se entenderá rechazada cuando hayan transcurrido 24 horas naturales desde la puesta a disposición de la notificación sin que se acceda a su contenido.

b) Se entenderá rechazada cuando hayan transcurrido 48 horas naturales desde la puesta a disposición de la notificación sin que se acceda a su contenido.

c) Se entenderá rechazada cuando hayan transcurrido cuatro días naturales desde la puesta a disposición de la notificación sin que se acceda a su contenido.

d) Se entenderá rechazada cuando hayan transcurrido diez días naturales desde la puesta a disposición de la notificación sin que se acceda a su contenido.

38. Cuando la notificación por medios electrónicos haya sido expresamente elegida por el interesado:

a) Se entenderá rechazada cuando hayan transcurrido 24 horas naturales desde la puesta a disposición de la notificación sin que se acceda a su contenido.

b) Se entenderá rechazada cuando hayan transcurrido 48 horas naturales desde la puesta a disposición de la notificación sin que se acceda a su contenido.

c) Se entenderá rechazada cuando hayan transcurrido cuatro días naturales desde la puesta a disposición de la notificación sin que se acceda a su contenido.

d) Se entenderá rechazada cuando hayan transcurrido diez días naturales desde la puesta a disposición de la notificación sin que se acceda a su contenido.

39. Los interesados podrán acceder a las notificaciones desde:

a) Todas las Sedes de la Administración.

b) El Punto de Acceso General electrónico de la Administración, que funcionará como un portal de acceso.

c) El Punto electrónico de la Administración, que funcionará como un portal de acceso.

d) FI Punto Central electrónico de la Administración, que funcionará como un portal de acceso.

40. En el caso de notificaciones infructuosas por ser el interesado desconocido:

a) No se podrá entender hecha nunca.

b) Solo se podrá entender anunciada.

c) Solo podrá realizarse la notificación en edictos a la pared de la sede general de la Administración pública.

d) La notificación se hará por medio de un anuncio publicado en el «Boletín Oficial del Estado».

41. En el caso de notificaciones infructuosas porque se ignore el lugar de la notificación:

a) No se podrá entender hecha nunca.

b) Solo se podrá entender anunciada.

c) Solo podrá realizarse la notificación en edictos a la pared de la sede general de la Administración pública.

d) La notificación se hará por medio de un anuncio publicado en el «Boletín Oficial del Estado».

42. En el caso de notificaciones infructuosas porque se ignore el lugar del bien:

a) No se podrá entender hecha nunca.

b) Solo se podrá entender anunciada.

c) Solo podrá realizarse la notificación en edictos a la pared de la sede general de la Administración pública.

d) La notificación se hará por medio de un anuncio publicado en el «Boletín Oficial del Estado».

43. Los actos administrativos serán objeto de publicación:

a) Siempre y en todo caso.

b) Cuando así lo establezcan las normas reguladoras de cada procedimiento.

c) Cuando lo aconsejen razones de interés público apreciadas por el órgano competente.

d) Son correctas las respuestas b) y c).

44. Los actos administrativos serán objeto de publicación, surtiendo esta los efectos de la notificación:

a) Cuando el acto tenga por destinatario a una pluralidad indeterminada de personas o cuando la Administración estime que la notificación efectuada a un solo interesado es insuficiente para garantizar la notificación a todos, siendo, en este último caso, adicional a la individualmente realizada.

b) Cuando se trate de actos integrantes de un procedimiento selectivo o de concurrencia competitiva de cualquier tipo.

c) Cuando se trate de actos con datos privados.

d) Son correctas las respuestas a) y b).

45. La publicación de los actos se realizará:

a) En los periódicos.

b) En cualquier boletín o diario oficial.

c) En el diario oficial que corresponda, según cual sea la Administración de la que proceda el acto a notificar.

d) En el diario oficial que corresponda, según cual sea la Administración del domicilio del interesado.

Solución al test n.º 2

1. a) Los notificará a los interesados cuyos derechos e intereses sean afectados por aquél aquellos.

2. c) Dentro del plazo de diez días a partir de la fecha de emisión de la misma.

3. c) Dentro del plazo de diez días a partir de la fecha en que el acto haya sido dictado.

4. d) Todas las respuestas anteriores son correctas.

5. b) Surtirán efecto a partir de la fecha en que el interesado realice actuaciones que supongan el conocimiento del contenido y alcance de la resolución o acto objeto de la notificación, o interponga cualquier recurso que proceda.

6. a) A los solos efectos de entender cumplida la obligación de notificar dentro del plazo máximo de duración de los procedimientos, será suficiente que la notificación contenga, cuando menos, el texto íntegro de la resolución, así como el intento de notificación debidamente acreditado.

7. b) Las Administraciones públicas podrán adoptar las medidas que consideren necesarias para la protección de los datos personales que consten en la misma.

8. b) Las Administraciones públicas podrán adoptar las medidas que consideren necesarias para la protección de los datos personales que consten en el mismo.

9. a) Preferentemente por medios electrónicos y, en todo caso, cuando el interesado resulte obligado a recibirlas por esta vía.

10. b) Se deben realizar por medios electrónicos cuando el interesado esté obligado a recibirlas por esta vía.

11. c) Cuando la notificación se realice con ocasión de la comparecencia espontánea del interesado o su representante en las oficinas de asistencia en materia de registro y solicite la comunicación o notificación personal en ese momento.

12. c) Cuando para asegurar la eficacia de la actuación administrativa resulte necesario practicar la notificación por entrega directa de un empleado público de la Administración notificante.

13. a) Con independencia del medio utilizado, las notificaciones serán válidas siempre que permitan tener constancia de su envío o puesta a disposición, de la recepción o acceso por el interesado o su representante, de sus fechas y horas, del contenido íntegro, y de la identidad fidedigna del remitente y destinatario de la misma. La acreditación de la notificación efectuada se incorporará al expediente.

14. b) Por reglamento.

15. b) Por reglamento.

16. b) Pero no para la práctica de notificaciones.

17. b) No se podrán notificar por medios electrónicos.

18. b) No se podrán notificar por medios electrónicos.

19. d) Son correctas las respuestas a) y b).

20. a) La notificación se practicará por el medio señalado al efecto por aquel.

21. a) La notificación será electrónica en los casos en los que exista obligación de relacionarse de esta forma con la Administración.

22. d) Son correctas las respuestas b) y c).

23. a) A los solos efectos de su iniciación.

24. a) Se hará constar en el expediente, especificándose las circunstancias del intento de notificación y el medio, dando por efectuado el trámite y siguiéndose el procedimiento.

25. b) Con independencia de que la notificación se realice en papel o por medios electrónicos.

26. c) No impedirá que la notificación sea considerada plenamente válida.

27. b) Se tomará como fecha de notificación la de aquella que se hubiera producido en primer lugar.

28. b) Deberán ser puestas a disposición del interesado en la sede electrónica de la Administración u Organismo actuante para que pueda acceder al contenido de las mismas de forma voluntaria.

29. b) Podrá hacerse cargo de la misma cualquier persona mayor de catorce años que se encuentre en el domicilio y haga constar su identidad.

30. d) Todas las respuestas anteriores son correctas.

31. a) Intento que se repetirá por una sola vez y en una hora distinta dentro de los tres días siguientes.

32. a) Intento que se repetirá por una sola.

33. c) El segundo debe realizarse después de las quince horas, y viceversa, dejando en todo caso al menos un margen de diferencia de tres horas entre ambos intentos de notificación.

34. a) Se le ofrecerá la posibilidad de que el resto de notificaciones se puedan realizar a través de medios electrónicos.

35. d) Todas las respuestas anteriores son correctas.

36. a) Se entenderán practicadas en el momento en que se produzca el acceso a su contenido.

37. d) Se entenderá rechazada cuando hayan transcurrido diez días naturales desde la puesta a disposición de la notificación sin que se acceda a su contenido.

38. d) Se entenderá rechazada cuando hayan transcurrido diez días naturales desde la puesta a disposición de la notificación sin que se acceda a su contenido.

39. b) El Punto de Acceso General electrónico de la Administración, que funcionará como un portal de acceso.

40. d) La notificación se hará por medio de un anuncio publicado en el «Boletín Oficial del Estado».

41. d) La notificación se hará por medio de un anuncio publicado en el «Boletín Oficial del Estado».

42. d) La notificación se hará por medio de un anuncio publicado en el «Boletín Oficial del Estado».

43. d) Son correctas las respuestas b) y c).

44. d) Son correctas las respuestas a) y b).

45. c) En el diario oficial que corresponda, según cual sea la Administración de la que proceda el acto a notificar.

TEST N.º 3

El Ayuntamiento de Cádiz. Órganos de Gobierno. Organización y áreas municipales. Localizaciones geográficas y características de las dependencias municipales. Localización geográfica en la ciudad de Cádiz de otras dependencias y servicios públicos dependientes de otras Administraciones y Entidades

1. Corresponde al Alcalde de Cádiz, en materia de contratación, las contrataciones y concesiones de toda clase cuando su importe no supere:

a) El 20 por 100 de los recursos ordinarios del Presupuesto ni, en cualquier caso, los cinco millones de euros.

b) El 20 por 100 de los recursos ordinarios del Presupuesto ni, en cualquier caso, los seis millones de euros.

c) El 15 por 100 de los recursos ordinarios del Presupuesto ni, en cualquier caso, los seis millones de euros.

d) El 10 por 100 de los recursos ordinarios del Presupuesto ni, en cualquier caso, los seis millones de euros.

2. El Alcalde no podrá delegar:

a) La dirección del gobierno y la administración municipal.

b) La jefatura superior de todo el personal.

c) Las aprobaciones de instrumentos urbanísticas, salvo que se delegue en la Junta de Gobierno Local.

d) Todas las respuestas son correctas.

3. Señala la respuesta incorrecta respecto al cese del Alcalde:

a) Cesará por renuncia o dimisión del cargo, manteniendo la condición de Concejal.

b) Cesará por incurrir en causa de incompatibilidad, de acuerdo con la legislación electoral.

c) Cesará por extinción del mandato, al transcurrir el plazo de cinco años.

d) Cesará por fallecimiento o incapacitación judicial firme.

4. ¿Cuántos concejales tiene el Pleno del Ayuntamiento de Cádiz?

a) 30.
b) 27.
c) 25.
d) 23.

5. Actualmente la Junta de Gobierno Local celebra sesión ordinaria:

a) Una vez al mes.
b) Cada quince días.
c) Una vez a la semana.
d) Dos veces por semana.

6. Salvo sesiones extraordinarias y urgentes, la convocatoria de las sesiones ordinarias contendrá el Orden del Día de los asuntos sobre los que haya de adoptarse acuerdo, o hayan de someterse a su examen, y se notificará con una antelación de, al menos:

a) Una semana.
b) Cinco días hábiles.
c) 48 horas.
d) 24 horas.

7. Las sesiones no son públicas, pero un extracto de los acuerdos adoptados, se expondrá en los tablones de anuncios:

a) Dentro del mes siguiente.
b) Dentro de los 20 días siguientes.
c) Dentro de los 15 días siguientes.
d) Dentro de los 10 días siguientes.

8. El Instituto Municipal de Deportes tiene como fin:

a) Colaborar con las entidades deportivas andaluzas y otros entes públicos y privados para el cumplimiento de las finalidades previstas en la Ley del Deporte.
b) Elaborar los informes preceptivos para otorgar licencias municipales para la apertura de instalaciones deportivas.
c) Promover y organizar actividades y competiciones para participantes en edad escolar.
d) Todas las respuestas son correctas.

9. ¿A quién corresponde la declaración de lesividad de los actos del Ayuntamiento?

a) Al Alcalde.
b) Al Pleno.

c) A la Junta de Portavoces.
d) A la Secretaría General.

10. ¿Dónde se ubica la Fundación Municipal de la Mujer?

a) En la Casa Consistorial.
b) En la calle Zaragoza 1.
c) En la calle Isabel la Católica, 13.
d) En la plaza del Palillero.

11. ¿Dónde se encuentra el Archivo Histórico Municipal?

a) En la Casa Consistorial.
b) En la calle Zaragoza 1.
c) En la calle Isabel la Católica, 11.
d) En la plaza del Palillero.

12. El Museo Histórico Municipal se ubica en:

a) La Plaza de la Constitución 1.
b) La Plaza de Sevilla, s/n.
c) La Calle Rafael de la Viesca, 3.
d) La Calle Santa Inés, s/n.

13. ¿Dónde se encuentra el Teatro José María Pemán?

a) Avenida de Vigo s/n.
b) Plaza de Madrid s/n.
c) Calle Acacias, 2.
d) Parque Genovés.

14. ¿Dónde se encuentra ubicada la Delegación de Asuntos Sociales?

a) Calle Zaragoza, 1.
b) Calle Acacias, 2.
c) Calle Rafael de la Viesca, 3.
d) Calle Isabel la Católica, 11.

15. En el Paseo Carlos III se encuentra situada:

a) La Oficina del Registro Civil.
b) La Fiscalía Provincial.
c) El Juzgado de Violencia sobre la mujer.
d) Ninguna es correcta.

16. La Delegación de Mayores se encuentra situada en:

a) Calle Zaragoza 1.
b) Calle Acacias, 2.
c) Plaza de Madrid s/n.
d) Paseo Carlos III.

17. ¿Dónde se ubica Delegación de Juventud?

a) Plaza de Sevilla s/n.
b) Plaza de la Constitución 1.
c) Calle Cánovas del Castillo, 41.
d) Calle Rafael de la Viesca, 3.

18. ¿Cuál de las siguientes delegaciones se ubica en la Casa Consistorial, sita en la Plaza de San Juan de Dios, s/n?

a) La Delegación de Urbanismo.
b) La Delegación de Asuntos Sociales.
c) La Delegación de Medio Ambiente.
d) La Delegación de Salud.

19. La Delegación de la Vivienda se encuentra en:

a) C/ San Miguel, 16 y 17.
b) C/ Isabel La Católica, 13.
c) Plaza de San Juan de Puerto Rico.
d) Bóvedas de Santa Elena.

20. El Pleno del Ayuntamiento de Cádiz celebra sesión ordinaria:

a) Todos los últimos lunes de cada mes a las 9:00 h.
b) Todos los últimos martes de cada mes a las 9:30 h.
c) Todos los últimos viernes de cada mes a las 9:30 h.
d) Todos los últimos viernes de cada mes a las 10:00 h.

Solución al test n.º 3

1. d) El 10 por 100 de los recursos ordinarios del Presupuesto ni, en cualquier caso, los seis millones de euros.

2. d) Todas las respuestas son correctas.

3. c) Cesará por extinción del mandato, al transcurrir el plazo de cinco años.

4. b) 27.

5. c) Una vez a la semana.

6. d) 24 horas.

7. d) Dentro de los 10 días siguientes.

8. d) Todas las respuestas son correctas.

9. b) Al Pleno.

10. d) En la plaza del Palillero.

11. c) En la calle Isabel la Católica, 11.

12. d) La Calle Santa Inés, s/n.

13. d) Parque Genovés.

14. a) Calle Zaragoza, 1.

15. d) Ninguna es correcta.

16. a) Calle Zaragoza 1.

17. c) Calle Cánovas del Castillo, 41.

18. a) La Delegación de Urbanismo.

19. d) Bóvedas de Santa Elena.

20. c) Todos los últimos viernes de cada mes a las 9:30 h.

TEST N.º 4

El archivo. Tipos de archivos. Concepto y clases de documentos. Gestión de documentos. Organización de un archivo de oficina. Servicios del archivo

1. Según el artículo 68.3 del Estatuto de Autonomía de Andalucía, ¿qué tipo de competencia tiene la Comunidad autónoma de Andalucía sobre archivos que no sean de titularidad estatal?

a) Competencia exclusiva.
b) Competencia ejecutiva.
c) Competencia compartida.
d) Competencia en relación con la aplicación del derecho comunitario.

2. La Ley 7/2011, de 3 de noviembre, de Documentos, Archivos y Patrimonio Documental de Andalucía define al ARCHIVO como un conjunto orgánico de .... producidos o recibidos en el ejercicio de sus funciones por las personas físicas o jurídicas, públicas y privadas. Qué palabra falta en la frase anterior:

a) Expedientes.
b) Documentos.
c) Ficheros.
d) Actos.

3. Conforme al artículo 27.1 de la Ley 7/2011, el Sistema Archivístico de Andalucía actuará bajo los principios de coordinación y:

a) Colaboración mutua.
b) Jerarquía.
c) Responsabilidad subsidiaria.
d) Descentralización administrativa y operativa.

4. Conforme al artículo 27.2 de la Ley 7/2011, los planes y programas archivísticos se acordarán, regularán y ejecutarán siguiendo los principios de igualdad, participación, cooperación, descentralización y:

a) Publicidad.
b) Autonomía.
c) Gestión compartida.
d) Transparencia.

5. ¿Qué define el artículo 38 de la Ley 7/2011 como "el conjunto orgánico de documentos producidos o recibidos en el ejercicio de sus funciones por una unidad administrativa"?

a) El archivo central.
b) El archivo intermedio.
c) El archivo de oficina.
d) El archivo primario.

6. Según el artículo 38.2 de la Ley 7/2011, las personas responsables de las unidades administrativas velarán por que sus respectivos archivos de oficina custodien y conserven los documentos de los procedimientos en fase de tramitación, hasta su transferencia al archivo correspondiente, de acuerdo con los plazos establecidos por la Comisión Andaluza de Valoración y Acceso a los Documentos o, en su defecto:

a) A los tres meses de finalizado el correspondiente procedimiento.
b) A los seis meses de finalizado el correspondiente procedimiento.
c) Al año de finalizado el correspondiente procedimiento.
d) A los dos años de finalizado el correspondiente procedimiento.

7. ¿Cómo denomina el artículo 52 de la Ley 7/2011 al instrumento para la identificación de los archivos radicados en el territorio de la Comunidad Autónoma que custodian documentos integrantes del Patrimonio Documental de Andalucía?

a) Registro del Patrimonio Documental de Andalucía.
b) Sistema Archivístico de Andalucía.
c) Archivo General de Andalucía.
d) Censo de Archivos de Andalucía.

8. ¿Cuáles de los siguientes archivos son de titularidad estatal, pero de gestión de la Junta de Andalucía?

a) Archivos históricos provinciales.
b) Archivos centrales.
c) Archivos provinciales intermedios.
d) Archivos de las instituciones de autogobierno de la Comunidad Autónoma.

9. Conforme al artículo 44 de la Ley 7/2011, los archivos provinciales interme-dios serán coordinados funcionalmente por:

a) La Consejería competente en materia de archivos.
b) El correspondiente archivo histórico provincial.
c) La correspondiente Delegación Provincial del Gobierno de la Junta de Andalucía.
d) El Archivo General de Andalucía.

10. Conforme al artículo 46.2 de la Ley 7/2011, los archivos históricos provincia-les dependen orgánicamente de:

a) La consejería.
b) La Diputación Provincial.
c) El Archivo General de Andalucía.
d) La Delegación del Gobierno de la Junta de Andalucía en la provincia.

11. Conforme al artículo 47 de la Ley 7/2011, el Archivo de la Real Chancillería de Granada es un archivo de carácter:

a) Privado.
b) Intermedio.
c) Histórico.
d) Provincial.

12. Según el artículo 49.3 de la Ley 7/2011, deberán estar a cargo de personal con la cualificación y nivel técnico que sea necesario, los archivos de las diputacio-nes provinciales y de los ayuntamientos de municipios a partir de:

a) 5.000 habitantes.
b) 15.000 habitantes.
c) 25.000 habitantes.
d) 50.000 habitantes.

13. Según el artículo 51 de la Ley 7/2011, la inclusión de un archivo distinto de los contemplados en esta ley en el Sistema Archivístico de Andalucía, se producirá a petición de las personas físicas o jurídicas públicas o privadas interesadas, y se resolverá, en un plazo no superior a:

a) 3 meses.
b) 6 meses.
c) 9 meses.
d) 1 año.

14. Según el artículo 29.2.d) de la Ley 7/2011, la adopción de acuerdos de inte-gración de archivos públicos no integrados y de archivos privados en el Sistema Archivístico de Andalucía, corresponde a:

a) El Parlamento de Andalucía.
b) El Consejo de Gobierno.

c) La Consejería competente en materia de documentos, archivos y patrimonio documental.

d) El Archivo General de Andalucía.

15. Según el artículo 31.3.c) de la Ley 7/2011, ¿a quién corresponde establecer los plazos de permanencia, custodia y control de los documentos en los diferentes archivos?

a) Al Consejo de Gobierno.

b) A la Consejería competente en materia de documentos, archivos y patrimonio documental.

c) A la Comisión del Sistema Archivístico de Andalucía.

d) A la Comisión Andaluza de Valoración y Acceso a los Documentos.

16. Según el artículo 32 de la Ley 7/2011, actuará como órgano de información, consulta y asesoramiento del Sistema Archivístico de Andalucía:

a) La Comisión Andaluza de Valoración y Acceso a los Documentos.

b) La Comisión del Sistema Archivístico de Andalucía.

c) El Archivo General de Andalucía.

d) La Consejería competente en materia de documentos, archivos y patrimonio documental.

17. El régimen general de acceso a la información pública viene regulado en:

a) La Ley 19/2013, de 9 de diciembre, de Transparencia, Acceso a la Información Pública y Buen Gobierno.

b) La Ley 37/2007, de 16 de noviembre, sobre Reutilización de la Información del Sector Público.

c) La Ley Orgánica 3/2018, de 5 de diciembre, de Protección de Datos Personales y garantía de los derechos digitales.

d) La Ley 16/1985, de 25 de junio, del Patrimonio Histórico Español.

18. Según el artículo 6 de la Ley 37/2007, de 16 de noviembre, sobre reutilización de la información del sector público, solo será admisible la suscripción de acuerdos exclusivos que corresponda a los organismos del sector público a favor de terceros cuando tales derechos exclusivos sean necesarios para la prestación de un servicio de interés público. Excepcionalmente, cuando exista un acuerdo exclusivo relacionado con la digitalización de los recursos culturales, el período de exclusividad no será superior, por regla general, a:

a) 3 años.

b) 5 años.

c) 7 años.

d) 10 años.

19. Las solicitudes de reutilización de documentos administrativos deberán dirigirse al órgano competente, que resolverá las solicitudes de reutilización en el plazo máximo desde la recepción de la solicitud en el registro del órgano competente para su tramitación, con carácter general, de:

a) 10 días.
b) 15 días.
c) 20 días.
d) 1 mes.

20. Según el artículo 15 del Reglamento General de Protección de Datos (Reglamento (UE) 2016/679), el interesado tendrá derecho de acceso a los datos personales que le conciernen. El ejercicio de este derecho en más de una ocasión podrá considerarse repetitivo, a menos que exista causa legítima para ello, durante el plazo de:

a) 3 meses.
b) 6 meses.
c) 9 meses.
d) 12 meses.

21. Según el artículo 24 del Real Decreto 1708/2011, de 18 de noviembre, de 18 de noviembre, por el que se establece el Sistema Español de Archivos y se regula el Sistema de Archivos de la Administración General del Estado y de sus Organismos Públicos y su régimen de acceso, en la solicitud de acceso a documentos obrantes en el Sistema de Archivos de la Administración General del Estado NO será necesario indicar:

a) El documento o conjunto de documentos a los que se refiere la petición.
b) La identidad del solicitante.
c) Los motivos de la petición.
d) Una dirección, a efectos de comunicaciones.

22. Según el artículo 30.1 del Real Decreto 1708/2011, la resolución de la solicitud de acceso o de consulta de documentos obrantes en el Sistema de Archivos de la Administración General del Estado deberá adoptarse y notificarse lo antes posible y, en todo caso, en el plazo máximo desde la recepción por el órgano competente para tramitarla, de:

a) 10 días.
b) 15 días.
c) 20 días.
d) 1 mes.

23. Según el artículo 62 de la Ley 7/2011 ¿pueden las personas que hayan sido condenadas por sentencia firme por la comisión de delitos contra la seguridad y conservación del Patrimonio Documental, consultar documentos originales de titularidad pública?

a) No, en todo caso dicha consulta les será denegada.
b) No, solo podrán consultar reproducciones de los documentos originales.

c) Sí, bajo supervisión de un funcionario del Archivo.

d) Solo cuando los documentos pertenezcan a procedimientos en los que sean parte interesada.

24. En relación al acceso a los documentos de titularidad privada constitutivos del Patrimonio Documental de Andalucía no custodiados en archivos públicos, el artículo 66 de la Ley 7/2011 dispone que:

a) El acceso a los documentos de titularidad privada que formen parte del Patrimonio Documental de Andalucía y que se encuentren en archivos privados integrados en el Sistema Archivístico de Andalucía se regirá por normas de acceso convenidas con el titular.

b) En todo caso, las personas propietarias, titulares de derechos o poseedoras de dichos documentos permitirán el acceso a los mismos, previa solicitud por escrito, precisa y pormenorizada.

c) La persona propietaria, titular de derechos o poseedora de los documentos podrá depositarlos temporalmente en un archivo del Sistema para facilitar el acceso a los mismos.

d) La persona propietaria, titular de derechos o poseedora de los documentos podrá denegar de palabra el acceso a los mismos.

25. Según el artículo 10 de la Ley 27/2006, de 18 de julio, por la que se regulan los derechos de acceso a la información, de participación pública y de acceso a la justicia en materia de medio ambiente, por regla general, la autoridad pública competente para resolver facilitará la información ambiental solicitada o comunicará al solicitante los motivos de la negativa a facilitarla, en el plazo máximo desde la recepción de la solicitud en el registro de dicha autoridad, de:

a) 15 días.

b) 20 días.

c) 1 mes.

d) 2 meses.

26. Según el artículo 15.1 de la Ley 19/2013, en redacción dada por la disposición final undécima de la Ley Orgánica 3/2018, de 5 de diciembre, de Protección de Datos Personales y garantía de los derechos digitales, ¿puede autorizarse el acceso a información que contuviera datos personales que revelen la ideología, afiliación sindical, religión o creencias?

a) No, en ningún caso.

b) Solo cuando el afectado hubiese hecho manifiestamente públicos los datos con anterioridad a que se solicitase el acceso.

c) Únicamente en caso de que se contase con el consentimiento expreso y por escrito del afectado, a menos que dicho afectado hubiese hecho manifiestamente públicos los datos con anterioridad a que se solicitase el acceso.

d) Solo cuando el acceso estuviera amparado por una norma con rango de ley.

27. Según la disposición adicional 17ª de la LO 3/2018, es cierto, respecto al tratamiento de datos en la investigación en salud, que:

a) En ningún caso, las autoridades sanitarias e instituciones públicas con competencias en vigilancia de la salud pública podrán llevar a cabo estudios científicos sin el consentimiento de los afectados.

b) La reutilización de datos personales con fines de investigación en materia de salud y biomédica cuando, habiéndose obtenido el consentimiento para una finalidad concreta, se utilicen los datos para finalidades o áreas de investigación relacionadas con el área en la que se integrase científicamente el estudio inicial, se considerará lícita y compatible.

c) El interesado o, en su caso, su representante legal podrá otorgar el consentimiento para el uso de sus datos con fines de investigación en salud, con excepción de la biomédica.

d) El uso de datos personales seudonimizados con fines de investigación en salud se considera ilícito.

28. Según el artículo 53 de la Ley 7/2011, la gestión documental es el conjunto de funciones y procesos reglados, aplicados con carácter …………….. a lo largo del ciclo vital de los documentos, para garantizar el acceso y uso de los mismos, así como para la configuración del Patrimonio Documental de Andalucía. Señalar qué palabra falta en la frase anterior:

a) Transversal.
b) Integral.
c) Temporal.
d) Administrativo.

29. Siguiendo el artículo 54 de la Ley 7/2011, entre las funciones de la gestión documental NO figura:

a) Descripción.
b) Custodia.
c) Verificación.
d) Acceso.

30. Según el artículo 54.2 de la Ley 7/2011, la gestión documental implicará el diseño de los documentos para garantizar su autenticidad, fiabilidad, integridad, disponibilidad y:

a) Conservación.
b) Seguridad.
c) Procedencia.
d) Contextualización.

31. Conforme al artículo 56.1 de la Ley 7/2011, la gestión documental en el ámbito de la Junta de Andalucía es común e integrada en la gestión:

a) Administrativa.
b) Directiva.

c) Financiera.
d) Policial.

32. A los efectos del Reglamento del Sistema Andaluz de Archivos, ¿cómo se denomina el documento o documentos que testimonian un acto, acción y, en general, cualquier hecho?

a) Serie documental.
b) Expediente.
c) Unidad documental.
d) Fondo documental.

33. ¿Cuál es la primera fase del tratamiento archivístico, según el Reglamento del Sistema Andaluz de Archivos (Decreto 97/2000, de 6 de marzo)?

a) Selección.
b) Identificación.
c) Conservación.
d) Transferencia.

34. Según el artículo 39 del Reglamento del Sistema Andaluz de Archivos, la eliminación de documentos se realizará con carácter obligatorio en el archivo que corresponda de acuerdo con los plazos de permanencia establecidos en las tablas de valoración. De toda eliminación se levantará acta por duplicado ejemplar, uno de los cuales se remitirá a la Comisión Andaluza de Valoración de Documentos en el plazo de:

a) Los diez días siguientes a la fecha de la eliminación.
b) Los quince días siguientes a la fecha de la eliminación.
c) Los veinte días siguientes a la fecha de la eliminación.
d) Los treinta días siguientes a la fecha de la eliminación.

35. ¿Cómo se denomina en el Reglamento del Sistema Andaluz de Archivos, la entrada de documentos en un archivo para su custodia, control, conservación y servicio?

a) Registro.
b) Ingreso.
c) Recepción.
d) Admisión.

36. En el ámbito de la Administración de la Junta de Andalucía y a efecto de series documentales que no cuenten con tablas de valoración, el curso de las transferencias del archivo de oficina al central se producirá:

a) Al mes de haber finalizado su trámite administrativo.
b) A los tres meses de haber finalizado su trámite administrativo.

c) A los seis meses de haber finalizado su trámite administrativo.

d) Al año de haber finalizado su trámite administrativo.

37. Conforme al artículo 53 del Real Decreto 203/2021, de 30 de marzo, por el que se aprueba el Reglamento de actuación y funcionamiento del sector público por medios electrónicos, los documentos presentados por el interesado en soporte papel que por cualquier circunstancia no le puedan ser devueltos en el momento de su presentación, una vez digitalizados serán conservados a su disposición para que pueda recogerlos, independientemente del procedimiento administrativo al que se incorporen o de la Administración Pública a que vayan dirigidos, salvo que reglamentariamente la Administración correspondiente establezca un plazo mayor, durante un plazo de:

a) 6 meses.

b) 12 meses.

c) 2 años.

d) 3 años.

38. El artículo 49.1 de la Ley 16/1985, de 25 de junio, del Patrimonio Histórico Español, lo define como "toda expresión en lenguaje natural o convencional y cualquier otra expresión gráfica, sonora o en imagen, recogidas en cualquier tipo de soporte material, incluso los soportes informáticos":

a) El documento.

b) El registro.

c) El archivo.

d) El expediente.

39. Es una característica del documento de archivo:

a) Es único e irrepetible.

b) Reflejan relaciones entre personas y Administración de forma subjetiva.

c) Carece de carácter seriado.

d) La reproducción en numerosos ejemplares.

40. Los documentos de decisión:

a) Son aquellos que comunican la existencia de hechos o actos a otras personas, órganos o entidades.

b) Contienen una declaración de conocimiento de un órgano administrativo cuya finalidad es la acreditación de actos, hechos o efectos.

c) Contienen una declaración de juicio de un órgano administrativo, persona o entidad pública o privada, sobre las cuestiones de hecho o de derecho que sean objeto de un procedimiento administrativo.

d) Contienen una declaración de voluntad de un órgano administrativo sobre materias de su competencia.

Solución al test n.º 4

1. a) Competencia exclusiva.

2. b) Documentos.

3. d) Descentralización administrativa y operativa.

4. b) Autonomía.

5. c) El archivo de oficina.

6. c) Al año de finalizado el correspondiente procedimiento.

7. d) Censo de Archivos de Andalucía.

8. a) Archivos históricos provinciales.

9. d) El Archivo General de Andalucía.

10. a) La consejería.

11. c) Histórico.

12. b) 15.000 habitantes.

13. b) 6 meses.

14. c) La Consejería competente en materia de documentos, archivos y patrimonio documental.

15. d) A la Comisión Andaluza de Valoración y Acceso a los Documentos.

16. b) La Comisión del Sistema Archivístico de Andalucía.

17. a) La Ley 19/2013, de 9 de diciembre, de Transparencia, Acceso a la Información Pública y Buen Gobierno.

18. d) 10 años.

19. c) 20 días.

20. b) 6 meses.

21. c) Los motivos de la petición.

22. d) 1 mes.

23. d) Solo cuando los documentos pertenezcan a procedimientos en los que sean parte interesada.

24. c) La persona propietaria, titular de derechos o poseedora de los documentos podrá depositarlos temporalmente en un archivo del Sistema para facilitar el acceso a los mismos.

25. c) 1 mes.

26. c) Únicamente en caso de que se contase con el consentimiento expreso y por escrito del afectado, a menos que dicho afectado hubiese hecho manifiestamente públicos los datos con anterioridad a que se solicitase el acceso.

27. b) La reutilización de datos personales con fines de investigación en materia de salud y biomédica cuando, habiéndose obtenido el consentimiento para una finalidad concreta, se utilicen los datos para finalidades o áreas de investigación relacionadas con el área en la que se integrase científicamente el estudio inicial, se considerará lícita y compatible.

28. a) Transversal.

29. c) Verificación.

30. d) Contextualización.

31. a) Administrativa.

32. c) Unidad documental.

33. b) Identificación.

34. a) Los diez días siguientes a la fecha de la eliminación.

35. b) Ingreso.

36. d) Al año de haber finalizado su trámite administrativo.

37. a) 6 meses.

38. a) El documento.

39. a) Es único e irrepetible.

40. d) Contienen una declaración de voluntad de un órgano administrativo sobre materias de su competencia.

Conceptos elementales de aritmética y práctica de operaciones de cálculo. Recomendaciones en el uso lenguaje administrativo relativas a ortografía: abreviaturas, acentuación, mayúsculas, siglas, puntuación

1. Una millonésima se representa por:

a) 1×10^{-7}
b) 1×10^{-6}
c) 1×10^{-5}
d) 1×10^{-4}

2. Una diezmilésima se representa por:

a) 1×10^{-7}
b) 1×10^{-6}
c) 1×10^{-5}
d) 1×10^{-4}

3. Una centena de millar se representa por:

a) 100.000 unidades.
b) 1×10^{5}
c) 1×10^{4}
d) Las respuestas a) y b) son correctas.

4. Indique la respuesta exacta de la siguiente operación:

$$25+327+1263$$

a) 1615
b) 1625
c) 1715
d) 1825

5. Indique la respuesta exacta de la siguiente operación:

6754+35,765+8,714+49

a) 6487,479
b) 6847,479
c) 6874,379
d) 6874,479

6. Indique la respuesta exacta de la siguiente operación:

0,325+1,034+0,0046

a) 1,6363
b) 2,3663
c) 1,3666
d) 1,3636

7. Indique la respuesta exacta de la siguiente operación:

564287 – 346721

a) 207566
b) 217566
c) 227656
d) 227756

8. Indique la respuesta exacta de la siguiente operación:

876965,68 – 99876,79

a) 777088,89
b) 777089,98
c) 787189,89
d) 787198,98

9. Indique la respuesta exacta de la siguiente operación:

1,987465 – 1,896754

a) 0,90711
b) 0,090711
c) 0,900711
d) 0,900171

10. Indique la respuesta exacta de la siguiente operación:

378 x 25

a) 9350
b) 9450
c) 9550
d) 9650

11. Indique la respuesta exacta de la siguiente operación:

65,32 X 100

a) 653,2
b) 6532
c) 653200
d) 0,6532

12. Indique la respuesta exacta de la siguiente operación:

0,3 x 1000

a) 30
b) 300
c) 3
d) 3000

13. Indique la respuesta exacta de la siguiente operación:

(5) · (-7) + (4)

a) - 31
b) 31
c) 39
d) -39

14. Indique la respuesta exacta de la siguiente operación:

(- 5) · (- 4) – (-13)

a) 7
b) 33
c) - 7
d) - 33

15. Indique la respuesta exacta de la siguiente operación:

$$17 + (-11) - (9 \cdot -14)$$

a) - 160
b) 123
c) 132
d) 160

16. Indique la respuesta exacta de la siguiente operación:

$$36,02 \times 19,17$$

a) 690,5043
b) 690,5034
c) 960,5043
d) 906,5034

17. Indique la respuesta exacta de la siguiente operación:

$$128,832 : 7,04$$

a) 18,3
b) 18,36
c) 28,36
d) 18,365

18. Convierta en decimal la siguiente fracción:

$$16/23$$

a) 0,6965
b) 0,6956
c) 0,6966
d) 0,6975

19. Convierta en decimal la siguiente fracción:

$$9/33$$

a) 0,3727
b) 0,2727
c) 0,3717
d) 0,2717

20. Indique la fracción generatriz del número:

0,0345

a) 345/10000
b) 345/1000
c) 345/100000
d) 345/100

21. ¿Cuál de las siguientes series tiene todas las palabras escritas correctamente desde el punto de vista ortográfico?

1.
a) Huida, baul, mastin, riada
b) Huvo, rincón, metro, uva
c) Sincero, retahíla, maullar, fe

2.
a) Filantropía, negociación, hiato, síntesis
b) Cenicero, campo, avusar, Renbrant
c) Habeis, mástil, honor, bucear

3.
a) Cálido, horóscopo, dí, adiós
b) Rencor, mallor, minar, callar
c) Cáliz, fungible, periscopio, hubo

4.
a) Enbolver, absorver, síntesis, sauce
b) Sugetar, pegnoctar, salvedad, pálido
c) Cabizbajo, albaricoque, desgravación, sellar

5.
a) Japón, agilidad, inconexo, incivil
b) Conyuge, elixir, obnuvilado, nobel
c) Salud, conpletar, veía, teatro

6.
a) Ejenplo, pendón, ruso, adversidaz
b) Idea, veo, datil, rehuí
c) Miembro, masticar, cavar, oler

7.
a) Occidente, cojera, deseo, impune
b) Ernia, hastío, ingerir, equipage
c) umilde, vibienda, bista, viruta

22. ¿Cuál de las siguientes frases tiene error ortográfico?

1.
a) No encuentro la formula adecuada
b) Un árbol con ramas frondosas
c) Estoy cambiando pañales todo el día

2.
a) ¿Por cuánto venderías el coche?
b) En galicia el clima es lluvioso y frío
c) Es imposible acceder a ese puesto

3.
a) El examen era largo y difícil
b) El pueblo rivereño era pequeño
c) El cansancio turba mis sentidos

4.
a) La espectación fué total
b) El niño ingirió lejía por equivocación
c) Está prohibido acampar en esta zona

5.
a) La caída será espectacular
b) El rostro del hombre era pálido y enjuto
c) Los examenes fueron recogidos con prontitud

6.
a) ¿Cuando sabrás arreglártelas por ti mismo?
b) Necesito tu compañía
c) El conserje comió con su esposa

7.
a) Es mejor que recojas y te vayas
b) El jóven asistió a la reunión
c) Me relaja ir de excursión

23. En las siguientes series, ¿qué palabra no contiene ningún error?

1.
a) Muchedumbre
b) Heroe
c) Relog

2.
a) Inconeso
b) Ajilidad
c) Inspección

3.
a) Inpresionar
b) Invalided
c) Improvisar

4.
a) Sufrajio
b) Sufterfubio
c) Sulfatar

5.
a) Embolver
b) Envanecer
c) Enturviar

6.
a) Dicidir
b) Espléndido
c) Sultan

7.
a) emviable
b) Suburvio
c) exuberante

24. Indique la palabra que está incorrectamente escrita:

1.
a) Desatención
b) Desauciar
c) Depredador

2.
a) Pedigüeño
b) Primojénito
c) Predecir

3.
a) Ebullición
b) Emanar
c) Efectibo

4.
a) Deliberar
b) Delinquir
c) Delesnable

5.
a) Extorsión
b) Exuberante
c) Extimación

6.
a) Defunsión
d) Permanecer
c) Detracción

7.
a) Exposisión
b) Elevar
c) Allegado

25. Indique qué palabra está correctamente acentuada:

1.
a) Húida
b) Caída
c) Ríada

2.
a) Cálido
b) Pólen
c) Díme

3.
a) Habéis
b) Véo
c) Críar

4.
a) Tomadór
b) Ruído
c) Raíz

5.
a) Maquinária
b) Maquinísta
c) Máquina

6.
a) Idéa
b) Huérfano
c) Maquinár

7.
a) Lomó
b) Cuchitril
c) Salúd

26. Indique qué palabra está correctamente acentuada:

1.
a) Cástor
b) Vendería
c) Hiáto

2.
a) Dehésa
b) Puérta
c) Ahíto

3.
a) Santería
b) Harapiénto
c) Santigüeis

4.
a) Peána
b) Milícia
c) Logístico

5.
a) Caérse
b) Vahído
c) Huído

27. Señale la frase que está escrita ortográficamente de manera correcta:

1.
a) No ha vuelto a venir
b) A entrado por la puerta equivocada
c) No se como ha vuelto ha estas horas

2.
a) ¿Por qué ha dicho que la comida sabe ha veneno?
b) ¿Ha qué hora ha llamado?
c) No ha habido otra oportunidad para nosotros

3.
a) La aflicción le supera
b) El acidente se cobró muchas víctimas
c) De oriente a ocidente, de norte a sur.... había gente por todas partes

4.
a) La visivilidad era nula a causa de la lluvia
b) Los abulenses son gente generosa y acogedora
c) La rivera del río estaba llena de muchos desperdicios

5.
a) El aire era axfisiante después del incendio
b) El escelente trato que nos dispensaron será recompensado
c) El asilo acogió con alegría a los ancianos

6.
a) Ya le dige que pronto volvería
b) Mi cónyugue es mi mejor amigo
c) Se erigió una estatua en su honor

7.
a) No hay dinero ha su disposición
b) Yo he llamado para hablar contigo
c) Ha ver si hayamos la solución

8.
a) Al amanecer el sol embellece el campo
b) El enblema era muy significativo para ella
c) El caballo empujó con gran aínco

9.
a) Para sujetar los libros pondremos un tope de cerámica
b) La cogera que le dejó el accidente era muy evidente
c) Debemos cuidar a los niños para que no tragen productos tóxicos

10.
a) La madured llega con la edad
b) Está en marcha la construcción de mi casa
c) A pesar de no aparecer, no se ha disculpado

11.
a) Por ahora no se a dicho nada
b) Después el doctor me mandó un elíxir para enjuagarme
c) Si me recojes estaré lista pronto

12.
a) La gingivitis me ocasiona gran dolor
b) Hoy no a venido a verme
c) Sus costumbres e ideas son estemporáneas

13.
a) El conserge se negó a llevar las llaves
b) La inspección tendrá lugar el lunes
c) Ha pesar de todo, lo siento

Solución al test n.º 5

1. b) 1×10^{-6}

2. d) 1×10^{-4}

3. d) Las respuestas a) y b) son correctas.

4. a) 1615

5. a) 6487,479

6. d) 1,3636

7. b) 217566

8. a) 777088,89

9. b) 0,090711

10. a) 9350

11. b) 6532

12. b) 300

13. a) - 31

14. b) 33

15. c) 132

16. b) 690,5034

17. a) 18,3

18. b) 0,6956

19. b) 0,2727

20. a) 345/10000

21.

    1. c)

    2. a)

    3. c)

    4. c)

    5. a)

    6. c)

    7. a)

22.

    1. a)

    2. b)

    3. b)

    4. a)

    5. c)

    6. a)

    7. b)

23.

    1. a)

    2. c)

    3. c)

    4. c)

    5. b)

    6. b)

    7. c)

24.

    1. b)

    2. b)

    3. c)

    4. c)

    5. c)

6. a)

7. a)

25.

    1. b)

    2. a)

    3. a)

    4. c)

    5. c)

    6. b)

    7. b)

26.

    1. b)

    2. c)

    3. a)

    4. c)

    5. b)

27.

    1. a)

    2. c)

    3. a)

    4. b)

    5. c)

    6. c)

    7. b)

    8. a)

    9. a)

    10. c)

    11. b)

    12. a)

    13. b)

TEST N.º 6

Ofimática. El manejo de fotocopiadora, escáner y maquinas de ofimática de uso habitual en las oficinas administrativas. Normas de uso y conservación. La Informática en la Administración Pública: gestión del correo electrónico

1. El tamaño de un A4 es:

a) 297 x 210 mm.
b) 148 x 105 mm.
c) 420 x 297 mm.
d) 210 x 148 mm.

2. ¿Qué tipo de escáner se utiliza para escanear elementos frágiles?

a) De rodillo.
b) De tambor.
c) De cama plana.
d) Cenital.

3. Son máquinas reproductoras:

a) Las guillotinadoras.
b) Las encuadernadoras.
c) Los escáneres.
d) Las plastificadoras.

4. Las fotocopiadoras electroestáticas se caracterizan porque:

a) Usan papel normal.
b) El documento original es barrido por un rayo de luz intensa que proyecta la imagen sobre un tambor por donde se distribuye el tóner, que adhiriéndose a la zona donde hay imagen, reproduce el original.
c) La imagen se transfiere al papel que, al calentarse, fija el pigmento sobre la copia.
d) La imagen a reproducir se proyecta directamente sobre el papel especial cuya superficie queda sensibilizada con cargas eléctricas.

5. La medida 420 x 297 mm corresponde a un:

a) A3.
b) A4.
c) B5.
d) B1.

6. En la fase de calentamiento de la fotocopiadora, ¿pueden realizarse copias?

a) Únicamente en las fotocopiadoras profesionales.
b) Sí.
c) No.
d) A veces se pueden realizar en las fotocopiadoras personales.

7. Si vamos a realizar fotocopias sin servirnos del alimentador recirculante de originales, ¿cómo dejaremos la cubierta superior de la máquina?

a) Preferiblemente abierta.
b) Cerrada.
c) Necesariamente abierta.
d) Si la cubierta superior no está cerrada, la máquina no funciona.

8. ¿Qué máquinas hacen al papel inservible e ilegible?

a) Las máquinas destructoras.
b) Las máquinas fresadoras.
c) Las taladradoras.
d) Las cizallas.

9. Las fotocopiadoras:

a) Reproducen imágenes o textos directamente sobre papel, sin necesidad de utilizar clichés.
b) Reproducen solamente textos sobre papel, sin necesidad de utilizar clichés.
c) Reproducen imágenes o textos directamente sobre papel utilizando clichés.
d) Reproducen imágenes o textos directamente sobre un cliché, con el que posteriormente se pueden hacer múltiples copias.

10. Las encuadernadoras:

a) Son máquinas capaces de obtener una copia exacta de un documento original mediante un proceso electrostático.
b) Son máquinas cuya función es la destrucción de papel, de forma que quede absolutamente inservible e ilegible.
c) Se utilizan para ordenar y presentar adecuadamente los documentos, clasificándolos e incorporándoles portadas.
d) Se utilizan para plastificar documentos, con objeto de preservarlos de manchas o del deterioro.

11. La plancha tipográfica en la que se ha reproducido una composición o un grabado para su posterior impresión, se llama:

a) Tóner.
b) Reset.
c) Starter.
d) Cliché.

12. El tóner es:

a) La "tinta" de la fotocopiadora.
b) El alimentador de la fotocopiadora.
c) El sistema de transporte de la fotocopiadora.
d) El tono de impresión requerido para una copia.

13. El "canutillo" es un tipo de:

a) Grapado.
b) Encuadernado.
c) Plastificado.
d) Franqueado.

14. La resma es:

a) Un tipo de papel.
b) Una medida tradicional para contar hojas de papel.
c) Un formato de papel.
d) El papel sobrante después del guillotinado.

15. Los escáneres de las fotocopiadoras son del tipo:

a) Escáneres de rodillo.
b) Escáneres de mano.
c) Escáneres cenitales.
d) Escáneres de cama plana.

16. ¿Qué impresora contiene una esfera con varios caracteres que gira hasta posicionar el carácter pretendido en frente de un pequeño martillo?

a) Impresora de margarita.
b) Impresora de agujas.
c) Impresora láser.
d) Impresora de línea.

17. ¿Qué tres colores utilizan las impresoras para hacer copias a color?

a) Negro, amarillo y cián.
b) Amarillo, cián y magenta.
c) Negro, cián y magenta.
d) Negro, blanco y magenta.

18. Para horadar o perforar hojas con objeto de introducirlas en archivadores AZ, utilizaremos:

a) La ensobradora.
b) La guillotina.
c) La taladradora.
d) La cizalla.

19. De las siguientes, es una impresora de impacto:

a) La impresora láser.
b) La impresora multifunción.
c) La impresora de inyección de tinta.
d) La impresora de margarita.

20. Thunderbird:

a) No es gratuito.
b) Multiplataforma y no es gratuito.
c) Multiplataforma y software libre.
d) Ninguna de las anteriores respuestas es cierta.

21. Thunderbird se puede instalar:

a) Solo en Windows.
b) Solo en Linux.
c) En MAC.
d) En todos los anteriores.

22. Para configurar una cuenta tendrá que:

a) Indicar su nombre.
b) Indicar su nombre y la cuenta.
c) Indicar su nombre, dirección de correo y contraseña.
d) Indicar su nombre y su DNI.

23. Usted puede enviar un e-mail:

a) Solo a un destinatario a la vez.
b) A dos destinatarios.
c) A los destinatarios que desee.
d) A las personas que estén almacenada en su cuenta.

24. Para empezar a escribir un e-mail tiene que:

a) Pinchar en enviar.
b) Pinchar en leer.
c) Pinchar en redactar.
d) Dar a responder, ya que solo puede responder los e-mails.

25. ¿Dónde se escriben los destinatarios de un e-mail?

a) Normalmente en "Para…".
b) En "Cc…".
c) En "Bcc…".
d) Puede escribirse en cualquiera de estos campos.

26. El destinatario de una a copia visible de un e-mail va en:

a) Normalmente en "Para…".
b) En "Cc…".
c) En "Bcc…".
d) Puede escribirse en cualquiera de estos campos.

27. El destinatario de una a copia oculta de un e-mail va en:

a) Normalmente en "Para…".
b) En "Cc…".
c) En "Bcc…".
d) Puede escribirse en cualquiera de estos campos.

28. Se recomienda poner en "Asunto" el tema a tratar en el e-mail:

a) Nunca.
b) Solo si los destinatarios están en la libreta de direcciones.
c) Solo si los destinatarios no están en la libreta de direcciones.
d) Siempre.

29. Para ver la libreta de contactos puede pulsar:

a) F1.
b) F2.

c) F3.
d) F9.

30. ¿Qué tecla debe mantener pulsada para seleccionar contactos de manera aleatoria a los que desea enviar el e-mail?

a) Ctrl.
b) Shift.
c) F9.
d) Ninguna.

31. ¿Qué tecla debe mantener pulsada para seleccionar contactos consecutivos a los que desea enviar el e-mail?

a) Ctrl.
b) Shift.
c) F9.
d) Ninguna.

32. Si la bandeja de entrada está en negrita significa que:

a) Ha borrado un mensaje.
b) Ha enviado un mensaje.
c) Le ha llegado un mensaje y no lo ha leído.
d) Ninguna de las respuestas anteriores es correcta.

33. Usted puede bloquear un usuario:

a) No puede bloquear un usuario nunca.
b) Solo puede bloquear un contacto guardado en la lista de direcciones.
c) Solo puede bloquear un contacto si no está guardado en la lista de direcciones.
d) Realizando un filtro.

34. Usted puede adjuntar al e-mail:

a) Solo imágenes.
b) Solo archivos .pdf.
c) Cualquier archivo.
d) Cualquier archivo, pero no de cualquier tamaño.

35. Thunderbird permite organizar los mensajes:

a) Solo en las carpetas que tiene por defecto.
b) Solo en la bandeja de entrada.

c) Solo en la bandeja de salida.

d) Puede crear carpetas para organizarlos.

36. Thunderbird permite firmar los e-mails:

a) A partir de un archivo.

b) No permite firmarlos.

c) La firma viene por defecto.

d) Solo puede poner su nombre.

37. Thunderbird permite solicitar acuse de recibos de los e-mails:

a) Nunca.

b) Solo a los usuarios de la libreta de direcciones.

c) Sí, pero lo tiene que configurar.

d) Ninguna de las anteriores respuestas es correcta.

38. En la bandeja de salida se guardan:

a) Los mensajes que se han enviado.

b) Los mensajes que van a ser enviados, hasta el momento en que se haga efectivo ese envío por parte del servidor.

c) Esa carpeta no existe.

d) Ninguna de las repuestas anteriores es correcta.

39. Thunderbird permite gestionar:

a) Solo una cuenta.

b) Solo cuentas de Gmail.

c) Varias cuentas.

d) Solo envía y recibe e-mails.

Solución al test n.º 6

1. a) 297 x 210 mm.

2. d) Cenital.

3. c) Los escáneres.

4. d) La imagen a reproducir se proyecta directamente sobre el papel especial cuya superficie queda sensibilizada con cargas eléctricas.

5. a) A3.

6. c) No.

7. b) Cerrada.

8. a) Las máquinas destructoras.

9. a) Reproducen imágenes o textos directamente sobre papel, sin necesidad de utilizar clichés.

10. c) Se utilizan para ordenar y presentar adecuadamente los documentos, clasificándolos e incorporándoles portadas.

11. d) Cliché.

12. a) La "tinta" de la fotocopiadora.

13. b) Encuadernado.

14. b) Una medida tradicional para contar hojas de papel.

15. d) Escáneres de cama plana.

16. a) Impresora de margarita.

17. b) Amarillo, cián y magenta.

18. c) La taladradora.

19. d) La impresora de margarita.

20. c) Multiplataforma y software libre.

21. d) En todos los anteriores.

22. c) Indicar su nombre, dirección de correo y contraseña.

23. c) A los destinatarios que desee.

24. c) Pinchar en redactar.

25. a) Normalmente en "Para…".

26. b) En "Cc…".

27. c) En "Bcc…".

28. d) Siempre.

29. d) F9.

30. a) Ctrl.

31. b) Shift.

32. c) Le ha llegado un mensaje y no lo ha leído.

33. d) Realizando un filtro.

34. d) Cualquier archivo, pero no de cualquier tamaño.

35. d) Puede crear carpetas para organizarlos.

36. a) A partir de un archivo.

37. c) Sí, pero lo tiene que configurar.

38. b) Los mensajes que van a ser enviados, hasta el momento en que se haga efectivo ese envío por parte del servidor.

39. c) Varias cuentas.

Notas generales de la ciudad de Cádiz: situación geográfica y población. El Cádiz Histórico. Patrimonio cultural y monumental: principales monumentos, museos y teatros. Principales eventos: fiestas y festivales

1. ¿Qué superficie y población censada tiene la Bahía de Cádiz (compuesta por los municipios de San Fernando, Puerto Real, Chiclana, Puerto de Santa María y Cádiz)?

a) 633 Km^2 y una población censada de 480.558 habitantes.
b) 592 Km^2 y una población censada de 402.256 habitantes.
c) 534 Km^2 y una población censada de 428.047 habitantes.
d) 482 Km^2 y una población censada de 389.276 habitantes.

2. ¿Cuántos polígonos industriales existen en el término municipal de Cádiz?

a) Uno.
b) Dos.
c) Tres.
d) Ninguno.

3. ¿Cuál es la superficie estrictamente urbana de carácter predominantemente residencial de la ciudad de Cádiz?

a) 368'5 Has.
b) 245'1 Has.
c) 200'8 Has.
d) 295'6 Has.

4. Según las fuentes clásicas, la fundación de la ciudad de Cádiz se puede cifrar entre los siglos:

a) XIII y XII a. C
b) XII y XI a. C
c) XI y X a. C
d) X y IX a. C

5. ¿Durante qué siglos Cádiz vivió su época dorada?

a) Durante los siglos XV y XVI.
b) Durante los siglos XVII y XVIII.
c) Durante los siglos XVI y XVII.
d) Durante los siglos XVIII y XIX.

6. ¿En qué siglo ocurrió el terremoto de Lisboa que causó numerosas víctimas no solo en Cádiz, sino también en Jerez de la Frontera, Sanlúcar de Barrameda, Conil?

a) En el siglo XVI.
b) En el siglo XVII.
c) En el siglo XVIII.
d) En el siglo XIX.

7. ¿En qué año se aprobó la primera constitución española llamada la Pepa por firmarse el día de San José, en el oratorio de San Felipe Neri?

a) En 1808.
b) En 1812.
c) En 1824.
d) En 1836.

8. ¿Dónde se redactó y firmó la primera constitución española?

a) En Cádiz.
b) En San Fernando.
c) En Jerez de la Frontera.
d) En Sanlúcar de Barrameda.

9. La catedral de Cádiz se inició, planta y arranque de los muros, en estilo:

a) Gótico.
b) Neoclásico.
c) Barroco
d) Románico.

10. Se conoce como Catedral Vieja de Cádiz:

a) A la Iglesia y parroquia de Santa Cruz.
b) A la Iglesia y convento del Carmen.
c) Al convento de Santo Domingo.
d) A la Iglesia de San Francisco.

11. ¿Durante qué mes se celebra en la ciudad de Cádiz el "Mes de la Constitución" como uno de los momentos más importantes de su historia?

a) Durante el mes de febrero.
b) Durante el mes de marzo.
c) Durante el mes de abril.
d) Durante el mes de octubre.

12. ¿Cuándo se celebra la fiesta de los Incendios de San Juan?

a) La noche del 21 de junio.
b) La noche del 23 de junio.
c) La noche del 24 de junio.
d) La noche del 25 de junio.

Solución al test n.º 7

1. b) 592 Km^2 y una población censada de 402.256 habitantes.

2. a) Uno.

3. a) 368'5 Has.

4. a) XIII y XII a. C

5. b) Durante los siglos XVII y XVIII.

6. c) En el siglo XVIII.

7. b) En 1812.

8. b) En San Fernando.

9. c) Barroco.

10. a) A la Iglesia y parroquia de Santa Cruz.

11. b) Durante el mes de marzo.

12. b) La noche del 23 de junio.

CASOS PRÁCTICOS

CASO PRÁCTICO N.º 1

A lo largo de la semana han sido muchos y muy variados los tipos de personas con los que ha tenido que tratar el ordenanza o conserje Vicente como parte de sus funciones de atención al público.

En todo caso, Vicente se ha esforzado por dar un trato respetuoso y adecuado para que cada persona fuera convenientemente atendida por el motivo que le acercó a la Administración. Para ello, Vicente ha tenido que ajustar su trato a las características de cada ciudadano y posibilitar así la mejor comunicación posible.

En lo que va de mañana, Vicente ha atendido a 8 ciudadanos, que nombraremos por sus nombres de pila y que mostraban las siguientes características:

- El ciudadano Andrés era negativista, poco objetivo y creía en todo momento que tenía la verdad absoluta.

- El ciudadano Benito era muy reservado, se mostraba asustado e inseguro y prefería escuchar en vez de hablar.

- El ciudadano Carlos se mostraba exigente, avasallando e insultando repetidamente, además parecía muy susceptible.

- La ciudadana Dolores era muy desconfiada, aguda y crítica, poniéndolo todo en entredicho.

- El ciudadano Eduardo era muy hablador, abierto y comunicativo. Se salía mucho del tema y era muy impulsivo.

- La ciudadana Francisca era muy crítica y meticulosa. Preguntaba mucho y se le veía muy insegura.

- La ciudadana Gloria hablaba muy poco, iba directamente al asunto con muy poca diplomacia y mucha frialdad. Se mostraba bastante desorientada.

- Por último, el ciudadano Hugo se ha mostrado muy orgulloso, engreído y altivo, creyéndose que lo sabía todo.

En un primer lugar, intentando comprender cómo lo ha percibido Vicente, debemos identificar cada tipo de ciudadanos que se ha dirigido a él a partir de las características observadas. No se trata de poner etiquetas a cada persona sin más, sino, más bien, de entender cómo actúa la persona que tenemos delante para saber dar el mejor tipo de respuesta a cada persona según las características que presentan.

Cuestiones

1. Por las características mencionadas entendemos que Andrés es una persona:

a) Excitable.
b) Escéptica.
c) Inquisitiva.
d) Irrazonable.

2. Por las características mencionadas entendemos que Benito es una persona:

a) Escéptica.
b) Tímida.
c) Silenciosa.
d) Entendida.

3. Por las características mencionadas entendemos que Carlos es una persona:

a) Excitable.
b) Inquisitiva.
c) Presuntuosa.
d) Irrazonable.

4. Por las características mencionadas entendemos que Dolores es una persona:

a) Entendida.
b) Silenciosa.
c) Escéptica.
d) Irrazonable.

5. Por las características mencionadas entendemos que Eduardo es una persona:

a) Excitable.
b) Presuntuosa.
c) Habladora.
d) Entendida.

¿Qué tipo de trato ha tenido que dar Vicente en cada caso para que cada persona viera satisfecha y eficazmente cumplida su necesidad de información y de servicio que le trajo a la Administración? En cada caso nombraremos tres tipos de respuestas que podría haber dado Vicente; tenemos que identificar la más acertada en función del comportamiento que mostraba cada ciudadano. Todas las respuestas mencionadas pueden parecer buenas, pero se trata de señalar aquella en la que hay que apoyarse más:

6. Ante el comportamiento de Dolores, es conveniente:

a) Tener paciencia y perseverancia.
b) Darle conocimientos técnicos.
c) Encauzarle en el tema.
d) Dar detalles.

7. Ante el comportamiento de Eduardo, es conveniente:

a) No competir con él.
b) Pasarse a su bando.
c) Permanecer impasible.
d) Ser breve y cortés.

8. Ante el comportamiento de Francisca, es conveniente:

a) Mostrar calma.
b) Brevedad y cortesía.
c) No contradecirse.
d) Ir al grano.

9. Ante el comportamiento de Gloria, es conveniente:

a) Permanecer impasible.
b) Mantenerse firme.
c) Dar garantías.
d) Llevar la iniciativa.

10. Ante el comportamiento de Hugo, es conveniente:

a) Mostrar amabilidad.
b) Tratarle en reservado.
c) Competir con él.
d) Evitar adularle.

El resto de la jornada, Vicente se encuentra trabajando en la centralita de la institución. Todas las llamadas recibidas en el puesto de contestación son señalizadas tanto óptica como acústicamente; si mientras Vicente está atendiendo a un ciudadano entra una nueva llamada, esta se señalizará de una forma óptica exclusivamente. Mientras atiende el teléfono un usuario interno ha solicitado a Vicente una comunicación urbana, pero el abonado deseado no contesta y Vicente le dice al usuario que vuelva a intentarlo pasado un tiempo.

Pasada una hora, Vicente debe ausentarse unos minutos del puesto de contestación y nadie puede suplirle momentáneamente en su ausencia, por lo que decide descolgar el teléfono hasta su vuelta.

Un Jefe de Sección pregunta a Vicente cuál es el procedimiento a seguir para localizar el número telefónico de un abonado de una localidad distinta a la capital de la provincia. Vicente cuenta para ello con una guía telefónica de la provincia.

11. Si el número de llamada externo que Vicente ha solicitado está ocupado:

a) El número se activará cuantas veces se desee mediante su reclamación.
b) Marcará insistentemente sin dar paso a nuevas llamadas para atender al usuario.
c) Mandará al usuario al teléfono público más cercano para que lo siga intentando.
d) Queda eximido de seguir intentándolo.

12. ¿Puede Vicente ausentarse de la centralita?

a) No, no puede abandonar su puesto de trabajo bajo ningún concepto.
b) Derivará las llamadas recibidas hacia otro puesto de contestación de reserva.
c) Descolgará el teléfono mientras se ausente y nadie notará su marcha.
d) Sí, siempre que sea en la franja de la jornada que menos llamadas se reciben.

13. ¿Cómo buscará Vicente al abonado solicitado en la guía telefónica?

a) Buscará directamente el primer apellido en las últimas páginas de la guía.
b) Primero debe localizar la población.
c) En la guía aparece una única relación de abonados de la provincia, independientemente de la población. Por tanto, primero debe hacer una búsqueda alfabética del primer apellido y a partir de ahí buscar por el segundo apellido.
d) Su función es hacer la llamada pero no buscar un número de teléfono.

14. La voz de Vicente al atender el teléfono, debe ser:

a) Apagada.
b) Clara.
c) Castellanizada.
d) Robótica.

15. La actitud de Vicente ha de ser en todo momento:

a) Positiva.
b) Personal.
c) Inflexible.
d) Distante.

16. En la comunicación telefónica, Vicente guardará silencio cuando:

a) Quiera zanjar el asunto.
b) Esté seguro de que ha dicho todo lo que tenía que decir.
c) No esté de acuerdo con lo que dice su interlocutor.
d) El cliente le habla.

17. Cuando Vicente recibe una llamada que estaba en espera:

a) Hablará rápidamente para atender lo antes posible al usuario.
b) Explicará al cliente por qué está esperando.
c) Se identificará con su nombre.
d) Le dará prioridad sobre cualquier otro asunto que pueda surgir durante la comunicación.

18. Vicente atiende telefónicamente, hablando de forma muy técnica a un usuario que llama al Organismo. ¿Se puede afirmar que está usando un lenguaje correcto?

a) Sí, la ley le obliga a usar siempre un lenguaje técnico y preciso.
b) Sí.
c) No, ya que un lenguaje correcto tiene que ser muy coloquial.
d) No, ya que un lenguaje correcto no tiene por qué ser muy técnico.

19. Vicente atiende telefónicamente a un usuario que llama al Organismo. El usuario pregunta por otro empleado de la Institución que no se encuentra en ese momento en el edificio. Señale la opción correcta de la acción de Vicente al usuario:

a) Le notificará el tiempo que lleva fuera y dará explicaciones de por qué no está.
b) Le colgará amablemente y con cortesía, sin dar ningún tipo de explicación ni información.
c) Tomará nota de la llamada y el motivo.
d) Le pasará la llamada a otro funcionario para que también lo atienda y así el usuario vea que se le ha mostrado interés.

20. Vicente atiende a un usuario que se persona en el edificio. El alterado usuario pretende comunicar una queja o reclamación a la entidad. ¿Qué no debe hacer Vicente?

a) Adoptar un actitud positiva y huyendo de la pasividad o falta de interés.
b) Permitir expresarse al usuario y darle las condiciones correctas para que se traslade su problema.
c) Evitar que la reclamación surta efecto, convenciendo al usuario de que no insista ya que es negativo para la Entidad.
d) Encaminarle a la ventanilla o dependencia a la que ha de dirigirse.

Solución al caso n.º 1

1. d) Irrazonable.

Son personas irrazonables los que presentan las siguientes características: negativistas, poco objetivos y creen tener la verdad absoluta.

2. b) Tímida.

Son personas tímidas las que presentan las siguientes características: reservados, asustados e inseguros y prefieren escuchar.

3. a) Excitable.

Son personas excitables las que presentan las siguientes características: avasallan e insultan, son exigentes y muy susceptibles.

4. c) Escéptica.

Son personas escépticas las que presentan las siguientes características: son desconfiados, agudos y críticos y ponen todo en entredicho.

5. c) Habladora.

Son personas habladoras las que presentan las siguientes características: hablan mucho, se salen del tema y son muy impulsivos, abiertos y comunicativos.

6. a) Tener paciencia y perseverancia.

Las personas escépticas deben ser tratadas con paciencia y perseverancia, sinceridad y dando garantías.

7. d) Ser breve y cortés.

Las personas habladoras deben ser tratadas de forma amable y abierta, encauzándoles el tema, siendo breve y cortés.

8. c) No contradecirse.

Las personas inquisitivas deben ser tratadas con paciencia, aportando conocimientos técnicos y dando detalles, sin contradecirse.

9. d) Llevar la iniciativa.

Las personas silenciosas deben ser tratadas llevando la iniciativa, con brevedad y cortesía.

10. a) Mostrar amabilidad.

Las personas presuntuosas deben ser tratadas con humildad, amabilidad y adulación.

11. a) El número se activará cuantas veces se desee mediante su reclamación.

El número de llamada externo marcado en último lugar puede almacenarse, en caso de que el abonado deseado esté ocupado o no conteste, y activarse cuantas veces se desee mediante su reclamación.

12. b) Derivará las llamadas recibidas hacia otro puesto de contestación de reserva.

Desde el puesto de contestación se pueden derivar las llamadas recibidas, cuando por razones de ausencia no puedan atenderse, hacia otro puesto de contestación de reserva. En ciertos lugares, durante la noche o ciertas horas, se activa el servicio nocturno.

13. b) Primero debe localizar la población.

Para la localización de un abonado en la guía telefónica hay que tener en cuenta que los apellidos de los abonados se ordenan alfabéticamente.

Los pasos para encontrar el número del abonado son los siguientes:

1. Si el número que buscamos pertenece a un abonado de la capital de provincia o de una localidad.

2. En el primer caso, ir a la sección "Relación de clientes de la capital" y fijarse en el primer apellido del abonado ya que en el margen superior de la guía aparecerán dos apellidos donde el primero corresponde al primer apellido que aparece en la página par, y el segundo al último apellido que aparece en la página impar.

3. En el caso de buscar el número de un abonado en una localidad, tendremos que irnos a la sección final de la guía, y esta vez en el cabecero de la guía aparecerán las localidades en vez de los apellidos.

14. b) Clara.

Como regla general en la atención telefónica, nuestra voz deberá ser agradable, natural, clara y armoniosa, no regresiva. No deberá ser monótona, apagada, brusca. Además, cuando hablemos, lo haremos con nitidez, articulando bien las palabras y a una velocidad normal.

15. a) Positiva.

Como regla general en la atención telefónica, nuestra actitud ha de ser en todo momento positiva y profesional. Las respuestas agradables transforman situaciones negativas en positivas. Hay que reflejar entusiasmo, confianza en nosotros mismos, deseos de ayudar, formalidad, seriedad y sinceridad.

16. d) El cliente le habla.

Como regla general en la atención telefónica, cuando el cliente nos habla deberemos guardar silencio aplicando las técnicas de escucha activa, con la finalidad de que el ciudadano aprecie que no solo lo estamos oyendo sino escuchando.

17. b) Explicará al cliente por qué está esperando.

Como regla general, una vez que la llamada ha pasado la centralita y llega a su destino final, tras saludar, conviene explicar al cliente por qué está esperando (p. ej.: buscamos información).

18. d) No, ya que un lenguaje correcto no tiene por qué ser muy técnico.

Como regla general en la atención telefónica, hay que evitar usar términos desconocidos o que puedan generar confusión en los clientes; hay que ser claros y precisos en la elección de nuestras palabras. Los ciudadanos no suelen estar acostumbrados a los tecnicismos; por ello convendría evitar emplearlos. En el caso de que fueran imprescindibles, explicaremos con claridad lo que estamos diciendo y las posibles repercusiones que pueda tener sobre el cliente.

19. c) Tomará nota de la llamada y el motivo.

Como regla general en la atención telefónica, si el usuario pregunta por otro empleado que no está, le preguntaremos si le podemos ayudar nosotros. Si no fuese posible, le preguntaríamos si no le importa esperar un momento para ver si le localizamos. En caso de que fuese imposible, tomaríamos nota de su llamada y motivo.

20. c) Evitar que la reclamación surta efecto, convenciendo al usuario de que no insista ya que es negativo para la Entidad.

Cualquiera que sea el origen de una reclamación, el objetivo a alcanzar por nuestra parte es la satisfacción del cliente, por lo que nunca hay que negarse a recibir cualquier tipo de reclamación.

CASO PRÁCTICO N.º 2

1. Un directivo de un organismo entrega a un ordenanza una carpeta que contiene un documento grapado por el ángulo superior izquierdo de 25 hojas DIN-A4 escritas a una cara y le pide que saque 10 copias a dos caras en papel DIN-A4 de 90 gramos y que las prepare igualmente grapadas por el ángulo superior izquierdo. Para realizar el encargo, el ordenanza cargará la fotocopiadora con papel de la siguiente medida:

a) 148 x 105 mm.
b) 215 x 315 mm.
c) 297 x 210 mm.
d) 279,4 x 215,9 mm.

2. Teniendo en cuenta la siguiente imagen delantera izquierda y delantera derecha de una fotocopiadora, los casetes donde se carga el papel para las fotocopias están identificados con el/los número/s:

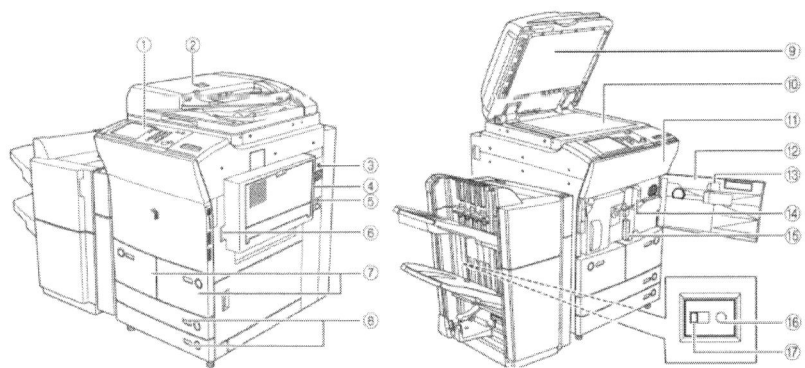

a) 2.
b) 7 y 8.
c) 12.
d) 4.

3. Si durante el funcionamiento de la fotocopiadora aparece iluminada la tecla de función número 4 significa que:

1		2		3		4		5		6		7		8	
9		10		11	1→2 CARAS	12	2→1 CARA	13		14		15		16	dobl.f. cara

a) Se ha producido un atasco de papel.
b) La máquina se ha quedado sin papel.
c) La fotocopiadora se está quedando sin tóner.
d) El original tiene poco contraste.

4. Si la que se enciende es la tecla número 3 la máquina nos estará advirtiendo de que:

1		2		3		4		5		6		7		8	
9		10		11	1→2 CARAS	12	2→1 CARA	13		14		15		16	dobl.f. cara

a) Se ha producido un atasco de papel.
b) La máquina se ha quedado sin papel.
c) La fotocopiadora se está quedando sin tóner.
d) El original tiene poco contraste.

5. En las siguientes imágenes de una fotocopiadora, ¿qué número indica el panel de control?

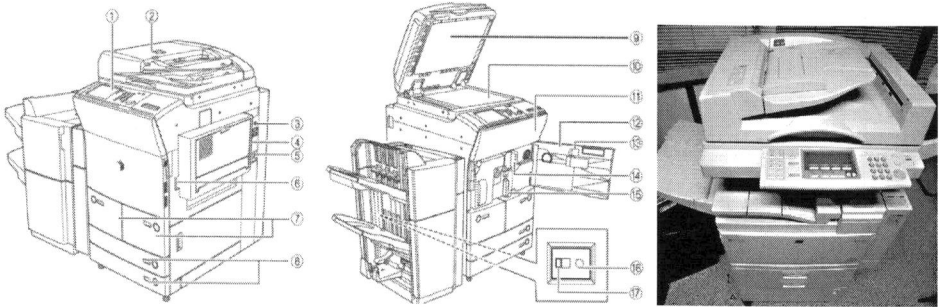

a) 1.
b) 8.
c) 10.
d) 2.

6. En la siguiente imagen que representa la pantalla táctil del panel de control de una fotocopiadora, el fotocopiado a doble cara se programa con la tecla identificada con el número:

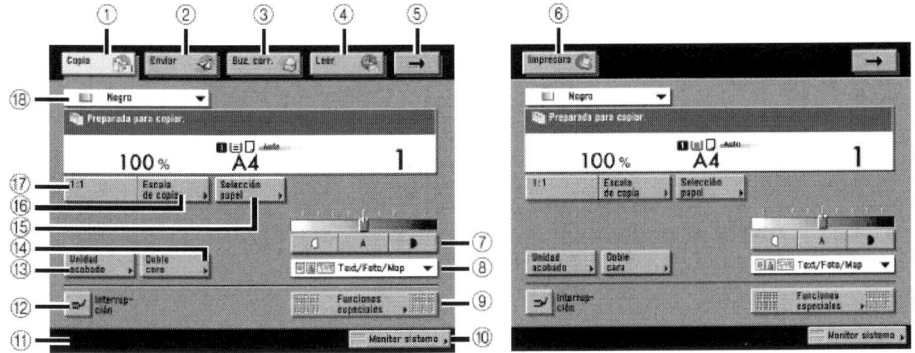

Pantalla de funciones básicas de copia

a) 1.

b) 4.

c) 14.

d) 16.

7. En la siguiente imagen de teclas de función de una fotocopiadora, identificamos el dibujo que indica que el original es a una cara y las copias a dos, con la que lleva el número:

| 1 | ⏻ | 2 | ⎓ | 3 | ⣿ | 4 | 🕭 | 5 | © | 6 | ▨ | 7 | ◎ | 8 | ▭ |
| 9 | ⊛ | 10 | ⑦ | 11 | 1→2 CARAS | 12 | ▨ | 13 | ⣿ | 14 | ◉ | 15 | ◑ | 16 | ▨ |

a) 6.

b 12.

c) 16.

d) 11.

8. El formato de papel cuyo tamaño es justo el resultado de doblar por la mitad más larga un DIN-A4 es el DIN:

a) A2.

b) A3.

c) B4.

d) A5.

9. Teniendo por delante la imagen que representa el panel de control de la foto-copiadora, ¿cómo ha de proceder el operario si selecciona 11 copias cuando quería seleccionar 10?

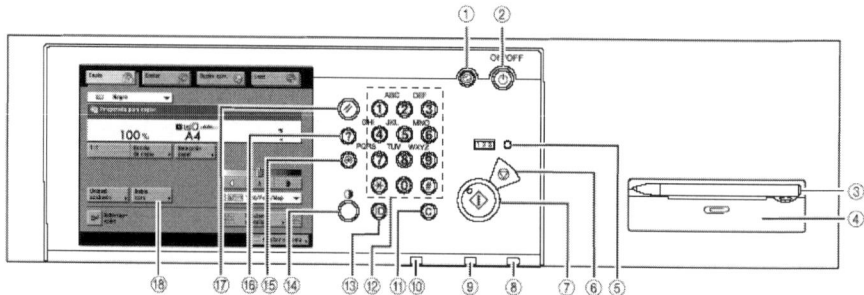

a) Lo mejor es pulsar la tecla de inicio (identificada con el número 7), dejar que la máquina haga las 11 copias y tirar a la basura una de ellas.

b) Darle a la tecla de inicio y dejar que la máquina empiece a hacer las copias indicadas. En el momento que salga la última hoja de la copia 10, el ordenanza pulsará la tecla de detener (identificada con el número 6) antes de que arrastre la primera hoja correspondiente a la copia 11.

c) Reiniciará pulsando la tecla identificada con el número 17 y volverá a incluir todos los datos referidos al encargo con cuidado de no volver a equivocarse.

d) Simplemente pulsará la tecla de borrar (identificada en la figura con el número 11), con lo que se borrará la última cifra marcada (1) y, en su lugar, tecleará el 0. La máquina entenderá que ha de efectuar 10 copias.

10. Un directivo de un organismo entrega a un ordenanza una carpeta que contiene un documento grapado por el ángulo superior izquierdo de 25 hojas DIN-A4 escritas a una cara y le pide que saque 10 copias a dos caras en papel DIN-A4 de 90 gramos y que las prepare igualmente grapadas por el ángulo superior izquierdo. ¿Cuántas hojas de papel DIN-A4 necesitará el ordenanza para hacer el encargo?

a) 130.
b) 125.
c) 250.
d) 500.

11. En la fotocopiadora, si el ordenanza utiliza la escala de ampliación del 200 %, significa que:

a) Amplía el tamaño de la copia en su totalidad 200 veces.
b) Amplía el doble el tamaño de la copia en su totalidad.
c) Amplía el tamaño de la copia en su anchura 200 veces.
d) Amplía la resolución de la copia 200 veces.

12. Un conserje debe hacer en tamaño folio 50 copias a una cara de un documento de 10 páginas. En una estantería cuenta con paquetes de papel de diversas medidas. ¿Cuál es el que debe emplear para esta tarea?

a) 256 mm x 364 mm.
b) 355,6 mm x 219,9 mm.
c) 215 mm x 315 mm.
d) 210 mm x 297 mm.

13. En la siguiente imagen de un fax, ¿qué parte se identifica con el número 4?

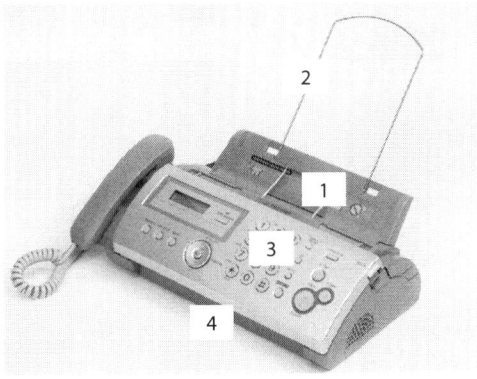

a) Soporte para los documentos a enviar.
b) Guías de ajuste del papel.
c) Salida de documentos leídos.
d) Bandeja de salida del papel enviado.

14. En la imagen del panel de control del fax, ¿con qué número están señaladas las teclas numéricas que se utilizan para marcar los números de teléfono?

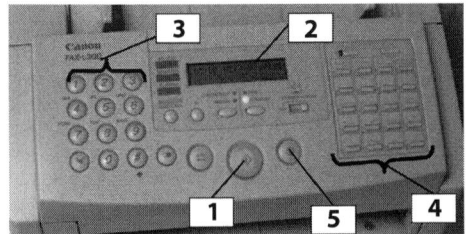

Componente n.º
1
2
3
4
5

a) 1.
b) 2.
c) 3.
d) 4.

15. ¿Qué tecla del panel de control de la fotocopiadora deberá utilizar el conserje para conseguir un mayor contraste en la copia?

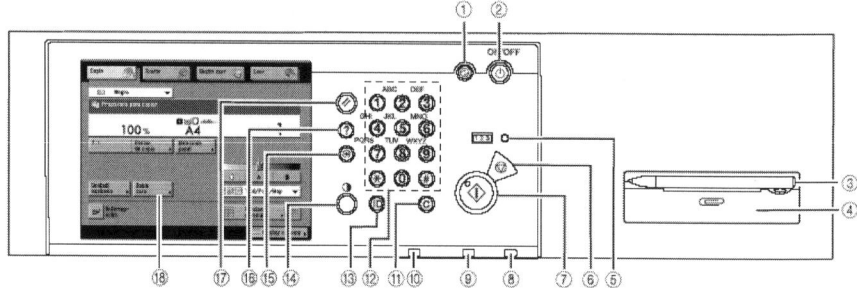

a) La señalada con el número 7.
b) La señalada con el número 6.
c) La señalada con el número 17.
d) La señalada con el número 14.

16. Si un ordenanza debe emplear para un encargo papel con formato A4 de 80 gramos, ¿qué significa?

a) Que cada página pesa 80 gramos.
b) Que una resma de ese papel pesa 80 gramos.
c) Que un metro cuadrado de ese papel pesa 80 gramos.
d) Que un cuadernillo estándar de ese papel pesa 80 gramos.

17. Si el ordenanza tuviera que cambiar el tóner del fax, después de extraer el viejo sacaría uno nuevo de su bolsa protectora y antes de introducirlo en su lugar correspondiente:

a) Agitará enérgicamente el cartucho varias veces.
b) Lo dejará unos minutos al aire libre para que se airee.
c) Limpiará con alcohol los rieles por los que se desliza el tóner.
d) Tendrá que avisar rápidamente al servicio técnico para que cambie el tóner lo antes posible.

18. Si el ordenanza pulsa la tecla "reiniciar" del panel de la fotocopiadora:

a) La máquina descontará las copias hechas y volverá a contabilizar desde la copia 1.
b) La máquina eliminará la configuración de las copias realizadas anteriormente volviendo a la configuración por defecto.
c) La máquina repetirá la tarea con la misma configuración de las copias realizadas con anterioridad.
d) La máquina se apagará y encenderá automáticamente.

19. Al área de reprografía de un organismo llega un empleado con su correspondiente acreditación y le encarga al ordenanza una fotocopia de una fotografía en blanco y negro. La fotografía es de tamaño 9 x 12 cm, pero la persona que realiza el encargo desea que la amplíe para que ocupe el máximo de un DIN-A5. ¿A qué es similar ese formato?

a) A una tarjeta de visita.
b) Al folio tradicional.
c) Al oficio.
d) A la cuartilla tradicional.

20. Al área de reprografía de un organismo llega un empleado con su correspondiente acreditación y le encarga al ordenanza una fotocopia de una fotografía en blanco y negro. La fotografía es de tamaño 9 x 12 cm, pero la persona que realiza el encargo desea que la amplíe para que ocupe el máximo de un DIN-A5. ¿Cuál de las siguientes ampliaciones es la más adecuada seleccionar en el panel de control de la fotocopiadora?

a) 100 %.
b) 150 %.
c) 200 %.
d) 300 %.

21. ¿Cuál de las siguientes condiciones ambientales está dentro de lo recomendable para una buena conservación del papel almacenado?

a) 10 ºC.
b) 30 % de humedad relativa.
c) 30 ºC.
d) 45-60 % de humedad relativa.

Solución al caso n.º 2

1. c) 297 x 210 mm.

Las medidas del formato A4 son 297 x 210 mm. Es el tamaño de papel de uso más corriente en la vida diaria.

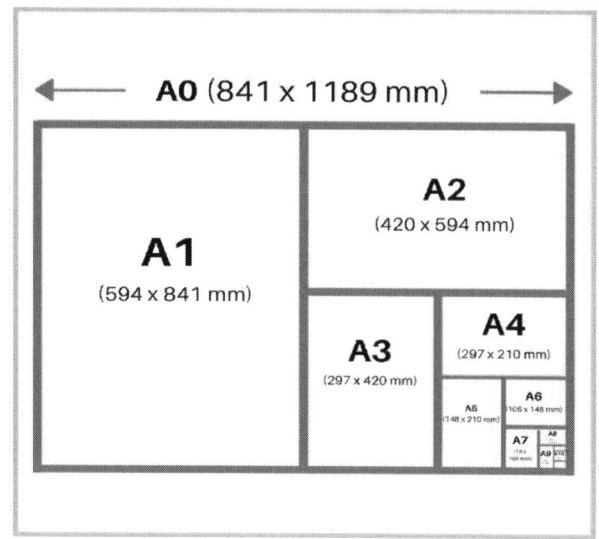

2. b) 7 y 8.

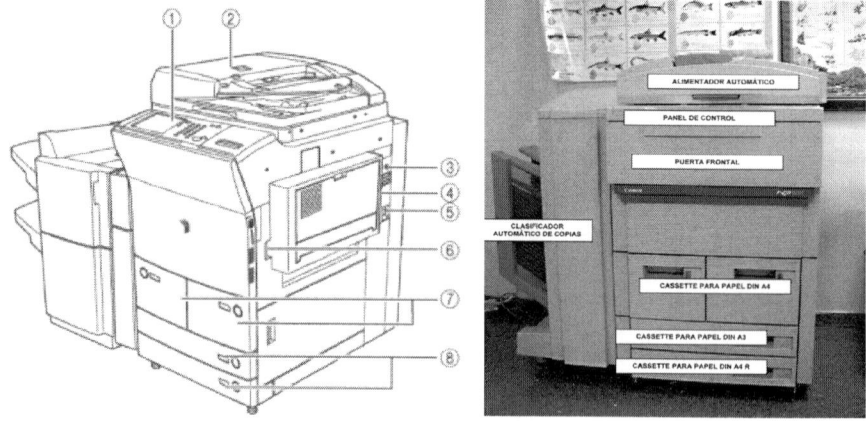

3. a) Se ha producido un atasco de papel.

La imagen número 4 de la ilustración indica que hay papel atascado en algún componente de la fotocopiadora. Hasta que no desaparezca el atasco, no podremos continuar haciendo copias.

4. c) La fotocopiadora se está quedando sin tóner.

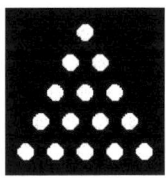

Esta imagen es un aviso que nos indica que debemos reponer tóner a la máquina. No implica que no pueda hacer fotocopias, sino que debe rellenarse pues se terminará próximamente.

5. a) 1.

El panel de control es uno de los elementos básicos de las fotocopiadoras. Puede ser de varios tipos:

– Mediante botones que son pulsados para seleccionar las distintas funciones.

– Mediante un monitor situado sobre la fotocopiadora donde aparecen las distintas funciones seleccionadas.

– Mediante una pantalla táctil.

En cualquier caso, la forma de hacerla operar y las distintas teclas tienen una simbología idéntica, lo que facilita la rápida adaptación de una máquina a otra en caso de cambios.

6. c) 14.

La opción "doble cara" permite hacer copias, como su nombre indica, a partir de originales de una sola cara.

7. d) 11.

La opción "doble cara" permite hacer copias, como su nombre indica, a partir de originales de una sola cara.

8. d) A5.

El formato de papel A5 tiene unas dimensiones de 148 mm x 210 mm. Es el tamaño similar a la cuartilla tradicional.

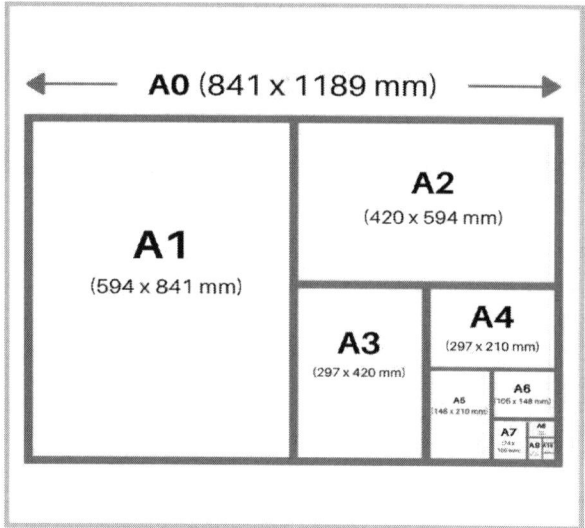

9. d) Simplemente pulsará la tecla de borrar (identificada en la figura con el número 11), con lo que se borrará la última cifra marcada (1) y, en su lugar, tecleará el 0. La máquina entenderá que ha de efectuar 10 copias.

La tecla "borrar" se pulsa para poner a uno el número de copias o para borrar un valor incorrecto introducido al establecer un modo de copia.

10. a) 130.

25 hojas a una cara suponen 13 a doble cara (aunque una quede en blanco). Como al subalterno se le piden 10 copias, 13 por 10 hacen un total de 130 hojas.

11. b) Amplía el doble el tamaño de la copia en su totalidad.

El panel de control de las fotocopiadoras de oficina y de las profesionales nos permite ampliar o reducir la copia que vayamos a imprimir. Habitualmente estas fotocopiadoras pueden trabajar tanto a tamaño 1:1, como reducir o ampliar las copias que se desean entre márgenes que suelen oscilar en cuanto a la reducción al 50 % (la mitad) y en cuanto a la ampliación al 200 % (el doble) dependiendo en todo caso de la máquina que se utilice.

12. c) 215 mm x 315 mm.

El formato de papel llamado "folio" tiene unas medidas de 215 mm x 315 mm. A día de hoy su uso es bastante reducido, ya que el formato A4 (210 x 297) ha venido a sustituirlo en el uso cotidiano.

13. c) Salida de documentos leídos.

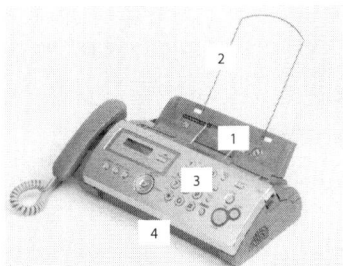

14. c) 3.

Las teclas numéricas se encuentran en el panel de control del fax y se utilizan para marcar los números de teléfono y para introducir texto, números y símbolos al registrar nombres y números en la memoria.

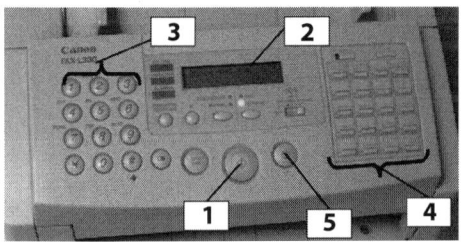

Componente n.º
1
2
3
4
5

15. d) La señalada con el número 14.

Esta imagen identifica al mando de contraste de la pantalla. A través de esta función se ajusta el contraste de la impresión a través de la pantalla táctil.

16. c) Que un metro cuadrado de ese papel pesa 80 gramos.

El peso de papel en países que usan tamaños de papel estandarizado ISO es definido en términos de gramaje. El estándar ISO define gramaje como los gramos por metro cuadrado (g/m^2) de papel. Ya que la superficie de una hoja de papel de A0 es de 1 metro cuadrado, el peso de esa hoja determinará el gramaje de ese papel. Así, si hablamos de un papel cuyo gramaje es 80 gramos, nos estamos refiriendo a que una hoja de ese papel con un formato A0, pesa 80 gramos.

17. a) Agitará enérgicamente el cartucho varias veces.

Los pasos para sustituir el cartucho de tóner son los siguientes:

1. Sin que haya documentos pendientes de envío, ni de recogida, levantar la tapa superior cogiéndola por ambos lados.

2. Sacar el cartucho de tóner usado tirando de la "pestaña" que posee.

3. Sacar el nuevo cartucho de tóner de su bolsa protectora, que debe permanecer cerrada hasta ese momento.

4. Girar enérgicamente el cartucho de un lado a otro unas cinco o seis veces. De esta forma conseguiremos mover el tóner del interior del cartucho evitando que permanezca apelmazado.

18. b) La máquina eliminará la configuración de las copias realizadas anteriormente volviendo a la configuración por defecto.

La tecla para reiniciar se pulsa para hacer que la copiadora regrese al modo estándar de copia, olvidándose de las opciones que hubiéramos seleccionado anteriormente.

19. d) A la cuartilla tradicional.

El formato DIN-A5, con un tamaño de 210 x 148 mm y una superficie de 0,03 m^2, es el tamaño similar a la cuartilla tradicional.

20. b) 150 %.

De las opciones de respuesta que ofrece la pregunta, teniendo en cuenta que se pretende una ampliación de la fotografía de 9 x 12 que no exceda de un formato DIN-A5, la única opción posible es la b) 150 %. Dejar la impresión al 100 % implica que la copia tendrá el mismo tamaño que el original, es decir, 9 x 12 centímetros. Las opciones de ampliar al 200 % o al 300 % (el doble o el triple del formato original) no son viables, ya que en ambos casos excederían al tamaño del papel con formato A5 (148 x 210 mm). Con la ampliación al 200 % se obtendría una imagen de 180 x 240 mm y con la del 300 % de 270 x 360 mm.

21. d) 45-60 % de humedad relativa.

El papel es un material sensible a diversos factores ambientales que pueden deteriorarlo, como por ejemplo la luz, que actúa sobre la lignina de los papeles fabricados con pasta de madera y los oscurece, o la humedad, que es un catalizador químico que provoca reacciones indeseadas. Para garantizar una vida más larga del papel, conviene almacenarlo en un lugar que mantenga las siguientes condiciones ambientales:

– Temperatura: entre 18 y 21 ºC.

– Humedad relativa: 45-60 %.

– Lux: preferentemente debe ser de menos de 100; esto implica que no haya demasiada luz en el lugar donde el papel sea utilizado una vez que se le retira el envoltorio protector. El papel no debe exponerse directamente al sol.

– Ausencia de contaminación ambiental. El papel no debe exponerse al polvo.

CASO PRÁCTICO N.º 3

El Sr. X ha solicitado licencia para edificar un inmueble de cinco plantas en la ciudad de Y, siéndole denegada por el Ayuntamiento de Z, al contravenir las normas urbanísticas, que prevén un máximo de tres plantas en la calle W donde se ubica el solar.

Cuestión

Redáctese la notificación de este acto.

Solución

A la notificación de los actos administrativos se refieren los arts. 40 a 44 de la Ley 39/2015, de 1 de octubre, del Procedimiento Administrativo Común de las Administraciones Públicas (LPACAP, en lo sucesivo), disponiendo el primero de ellos que:

"1. El órgano que dicte las resoluciones y actos administrativos los notificará a los interesados cuyos derechos e intereses sean afectados por aquellos, en los términos previstos en los artículos siguientes.

2. Toda notificación deberá ser cursada dentro del plazo de diez días a partir de la fecha en que el acto haya sido dictado, y deberá contener el texto íntegro de la resolución, con indicación de si pone fin o no a la vía administrativa, la expresión de los recursos que procedan, en su caso, en vía administrativa y judicial, el órgano ante el que hubieran de presentarse y el plazo para interponerlos, sin perjuicio de que los interesados puedan ejercitar, en su caso, cualquier otro que estimen procedente.

3. Las notificaciones que, conteniendo el texto íntegro del acto, omitiesen alguno de los demás requisitos previstos en el apartado anterior, surtirán efecto a partir de la fecha en que el interesado realice actuaciones que supongan el conocimiento del contenido y alcance de la resolución o acto objeto de la notificación, o interponga cualquier recurso que proceda.

4. Sin perjuicio de lo establecido en el apartado anterior, y a los solos efectos de entender cumplida la obligación de notificar dentro del plazo máximo de duración de los procedimientos, será suficiente la notificación que contenga, cuando menos, el texto íntegro de la resolución, así como el intento de notificación debidamente acreditado.

5. Las Administraciones Públicas podrán adoptar las medidas que consideren necesarias para la protección de los datos personales que consten en las resoluciones y actos administrativos, cuando estos tengan por destinatarios a más de un interesado.".

Por su parte, el art. 41 se refiere a la forma de practicar las notificaciones, señalando su apartado 1 que:

Las notificaciones se practicarán preferentemente por medios electrónicos y, en todo caso, cuando el interesado resulte obligado a recibirlas por esta vía.

No obstante lo anterior, las Administraciones podrán practicar las notificaciones por medios no electrónicos en los siguientes supuestos:

a) Cuando la notificación se realice con ocasión de la comparecencia espontánea del interesado o su representante en las oficinas de asistencia en materia de registro y solicite la comunicación o notificación personal en ese momento.

b) Cuando para asegurar la eficacia de la actuación administrativa resulte necesario practicar la notificación por entrega directa de un empleado público de la Administración notificante.

Con independencia del medio utilizado, las notificaciones serán válidas siempre que permitan tener constancia de su envío o puesta a disposición, de la recepción o acceso por el interesado o su representante, de sus fechas y horas, del contenido íntegro, y de la identidad fidedigna del remitente y destinatario de la misma. La acreditación de la notificación efectuada se incorporará al expediente.

Los interesados que no estén obligados a recibir notificaciones electrónicas, podrán decidir y comunicar en cualquier momento a la Administración Pública, mediante los modelos normalizados que se establezcan al efecto, que las notificaciones sucesivas se practiquen o dejen de practicarse por medios electrónicos.

Reglamentariamente, las Administraciones podrán establecer la obligación de practicar electrónicamente las notificaciones para determinados procedimientos y para ciertos colectivos de personas físicas que por razón de su capacidad económica, técnica, dedicación profesional u otros motivos quede acreditado que tienen acceso y disponibilidad de los medios electrónicos necesarios.

Adicionalmente, el interesado podrá identificar un dispositivo electrónico y/o una dirección de correo electrónico que servirán para el envío de los avisos regulados en este artículo, pero no para la práctica de notificaciones.

Por su parte, el apartado 2 de este art. 41 manifiesta que "en ningún caso se efectuarán por medios electrónicos las siguientes notificaciones:

a) Aquellas en las que el acto a notificar vaya acompañado de elementos que no sean susceptibles de conversión en formato electrónico.

b) Las que contengan medios de pago a favor de los obligados, tales como cheques." Obviamente, y en el presente supuesto, no es posible excluir la notificación electrónica.

Al margen de estos preceptos, como quiera que la licencia solicitada es denegada, debe motivarse la resolución, sin que baste con decir que se deniega por contravenir las normas urbanísticas (art. 35.1.a) LPACAP).

Habría, pues, que señalarle al Sr. X qué precepto de las normas urbanísticas se incumple, cuándo se aprobaron y publicaron dichas normas y el contenido del precepto, cosa que sí se hace como se puede observar en el enunciado del caso, al manifestar que donde se prevé un máximo de tres plantas él pide edificar cinco.

En definitiva, partiendo de que, por regla general, el órgano competente para otorgar o denegar licencias de obras es el Alcalde, podría efectuarse la siguiente notificación de la denegación de la licencia solicitada:

El Alcalde-Presidente de este Ayuntamiento de Z ha dictado el siguiente DECRETO:

"En relación con la licencia de obras solicitada por el Sr. X, para edificar un inmueble de cinco plantas en la calle W de este Municipio, a la vista de los informes técnicos y jurídicos recaídos, que indican que en dicha calle, a tenor del art. Y de las Normas Urbanísticas del Plan General de Ordenación Urbana vigente, aprobado por el/la Pleno/Comisión Provincial de Urbanismo/Consejero de Urbanismo (debe indicarse el órgano que aprobó dicho Plan) y publicadas en el Boletín Oficial de la Provincia/Comunidad Autónoma de fecha (ha de señalarse la fecha y el Boletín), solo se permiten edificios de tres plantas, por el presente, en uso de las atribuciones que me confiere el art. 21.1,q, de la Ley 7/1985, de 2 de abril, Reguladora de las Bases del Régimen Local (LRL), vengo en denegar la licencia solicitada".

Lo que le notifico, por el presente, para su conocimiento y efectos, haciéndole notar que este Decreto agota la vía administrativa y que contra el mismo puede interponer Recurso de Reposición en el plazo de un mes ante el propio Sr. Alcalde (art. 52 LRL), que se entenderá desestimado si transcurre un mes desde su interposición sin que se dicte y notifique su resolución (art. 124 de la Ley 39/2015, de 1 de octubre, del Procedimiento Administrativo Común de las Administraciones Públicas), así como que, si no interpone dicho recurso, o contra la resolución expresa o presunta del mismo, podrá interponer recurso contencioso-administrativo en el plazo de dos meses o seis meses, según sea expresa o presunta, a contar desde el día siguiente al de la notificación de este Decreto o de la resolución del Recurso de Reposición, ante el Juzgado de lo Contencioso-Administrativo de B (art. 46 de la Ley 29/1998, de 13 de julio, reguladora de la Jurisdicción Contencioso-Administrativa), sin perjuicio de que pueda ejercitar cualquier otro recurso que estime procedente (art. 40.2 de la LPACAP).

Asimismo, se le advierte que si la notificación se hiciere por medios electrónicos, ya por ser de carácter obligatorio, o porque haya sido expresamente elegida por el interesado, se entenderá rechazada cuando hayan transcurrido diez días naturales desde la puesta a disposición de la notificación sin que se acceda a su contenido (art. 43.3 LPACAP).

B, a....... (día) .... de........ (mes) de....... (año).

EL SECRETARIO GENERAL,

(Debe figurar, debajo de la firma, su nombre y apellidos o la firma electrónica

si fuese este el medio elegido).

CASO PRÁCTICO N.º 4

Cuestiones

1.º Define qué norma y qué artículo establecen los derechos de las personas en sus relaciones con las Administraciones Públicas. Lístalos.

2.º Diferencia entre el cliente interno y el cliente externo de la Administración Pública.

Soluciones

Cuestión 1

El artículo 13 de la Ley 39/2015, de 1 de octubre, del Procedimiento Administrativo Común de las Administraciones Públicas (en adelante, LPACAP), regula los "derechos de las personas en sus relaciones con las Administraciones Públicas" y el artículo 14 de la LPACAP establece el "derecho y obligación de relacionarse electrónicamente con las Administraciones Públicas".

Al objeto de listar los derechos, procedemos a transcribir los citados artículos:

"Artículo 13. Derechos de las personas en sus relaciones con las Administraciones Públicas.

Quienes de conformidad con el artículo 3, tienen capacidad de obrar ante las Administraciones Públicas, son titulares, en sus relaciones con ellas, de los siguientes derechos:

a) A comunicarse con las Administraciones Públicas a través de un Punto de Acceso General electrónico de la Administración.

b) A ser asistidos en el uso de medios electrónicos en sus relaciones con las Administraciones Públicas.

c) A utilizar las lenguas oficiales en el territorio de su Comunidad Autónoma, de acuerdo con lo previsto en esta Ley y en el resto del ordenamiento jurídico.

d) Al acceso a la información pública, archivos y registros, de acuerdo con lo previsto en la Ley 19/2013, de 9 de diciembre, de transparencia, acceso a la información pública y buen gobierno y el resto del Ordenamiento Jurídico.

e) A ser tratados con respeto y deferencia por las autoridades y empleados públicos, que habrán de facilitarles el ejercicio de sus derechos y el cumplimiento de sus obligaciones.

f) A exigir las responsabilidades de las Administraciones Públicas y autoridades, cuando así corresponda legalmente.

g) A la obtención y utilización de los medios de identificación y firma electrónica contemplados en esta Ley.

h) A la protección de datos de carácter personal, y en particular a la seguridad y confidencialidad de los datos que figuren en los ficheros, sistemas y aplicaciones de las Administraciones Públicas.

i) Cualesquiera otros que les reconozcan la Constitución y las leyes.

Estos derechos se entienden sin perjuicio de los reconocidos en el artículo 53 de la LPACAP referidos a los interesados en el procedimiento administrativo."

"Artículo 14. Derecho y obligación de relacionarse electrónicamente con las Administraciones Públicas.

1. Las personas físicas podrán elegir en todo momento si se comunican con las Administraciones Públicas para el ejercicio de sus derechos y obligaciones a través de medios electrónicos o no, salvo que estén obligadas a relacionarse a través de medios electrónicos con las Administraciones Públicas. El medio elegido por la persona para comunicarse con las Administraciones Públicas podrá ser modificado por aquella en cualquier momento.

2. En todo caso, estarán obligados a relacionarse a través de medios electrónicos con las Administraciones Públicas para la realización de cualquier trámite de un procedimiento administrativo, al menos, los siguientes sujetos:

    a) Las personas jurídicas.

    b) Las entidades sin personalidad jurídica.

    c) Quienes ejerzan una actividad profesional para la que se requiera colegiación obligatoria, para los trámites y actuaciones que realicen con las Administraciones Públicas en ejercicio de dicha actividad profesional. En todo caso, dentro de este colectivo se entenderán incluidos los notarios y registradores de la propiedad y mercantiles.

    d) Quienes representen a un interesado que esté obligado a relacionarse electrónicamente con la Administración.

    e) Los empleados de las Administraciones Públicas para los trámites y actuaciones que realicen con ellas por razón de su condición de empleado público, en la forma en que se determine reglamentariamente por cada Administración.

3. Reglamentariamente, las Administraciones podrán establecer la obligación de relacionarse con ellas a través de medios electrónicos para determinados proce-

dimientos y para ciertos colectivos de personas físicas que por razón de su capacidad económica, técnica, dedicación profesional u otros motivos quede acreditado que tienen acceso y disponibilidad de los medios electrónicos necesarios."

Cuestión 2

El cliente interno de la Administración Pública es el empleado público que recibe servicios de otro empleado de la propia Administración. En este sentido, todos somos clientes internos, puesto que constantemente estamos recibiendo servicios de nuestra Administración.

El cliente externo de la Administración Pública es el consumidor de las informaciones y atenciones al ciudadano procedentes de los informadores públicos. Todos los ciudadanos somos clientes externos desde el momento en que necesitemos asesoramiento o tengamos la necesidad de cualquier servicio de la Administración Pública.

CASO PRÁCTICO N.º 5

Pretendemos aproximarnos a los documentos oficiales y los archivos públicos.

Cuestiones

1.º ¿Cómo podemos definir los documentos oficiales?

2.º La función de servicio que tienen los archivos públicos consiste especialmente en la capacidad del Archivo para facilitar información extraída de sus propios fondos documentales. En el desarrollo de esta función se encuentra la actividad de comunicación de la información contenida en los documentos a los tres tipos de usuarios de los archivos públicos (la propia Administración, los ciudadanos y los investigadores). Esta actividad comunicativa genérica se plasma, en el campo de los archivos, en una serie de servicios. Especifica cuáles son y explica brevemente en qué consiste cada uno de ellos.

Soluciones

1.º El documento oficial suele ser un documento que relaciona a las personas físicas o jurídicas con los diversos organismos públicos de la Administración Pública. Gran parte de estas relaciones son a través de las comunicaciones escritas, y muchos de estas se manifiestan mediante impresos preestablecidos que hay que cumplimentar.

Estos impresos se atienen a un sistema normalizado y racionalizado que permite suministrar al organismo la información requerida, sin caer en redundancias, lo que simplificará el trabajo de los funcionarios sobre dichos impresos.

La mayoría de los documentos oficiales son de carácter externo, es decir, dedicados a recoger datos externos que no son los del funcionamiento interno del organismo. Al mismo tiempo, como cualquier otra entidad, tiene los denominados documentos internos pero que se producen con bastante menor frecuencia.

2.º

- **Préstamo**. En los archivos públicos, este servicio solo puede ser solicitado por la propia Administración, que necesita la consulta de la documentación para su estudio de cara a una determinada resolución administrativa. Para controlar la salida de documentos objeto de préstamo es imprescindible que la oficina solicitante cumplimente un impreso normalizado denominado Hoja de Préstamo, en el que se deben indicar los elementos fundamentales de identificación del documento, y que en el archivo se lleve correctamente un Libro Registro de Salida de Documentos, donde se anotará la fecha de salida, identificación del solicitante, descripción del documento y fecha de devolución.

– **Consulta**. En este caso, la documentación es utilizada en las propias instalaciones del archivo. La consulta puede ser efectuada por la propia Administración, los ciudadanos y los investigadores. Igual que para los préstamos, las consultas deben registrarse puntualmente en el archivo. Si su número no es excesivamente amplio, bastará con anotarlas en el mismo Libro Registro de Salida de Documentos, aunque distinguiéndolas de los préstamos. Cuando el número de usuarios sea apreciable, se deberá abrir un expediente a cada uno de ellos, indicándose los datos personales, tema de investigación, anotaciones de peticiones de consulta o de reproducción, etc. Como indicábamos más arriba, en la actualidad, el problema más grave planteado en este servicio es la delimitación del acceso a la consulta de los documentos de archivos públicos. La legislación vigente, desde la Constitución a la Ley de Patrimonio Histórico Español de 1985 y la mencionada Ley 39/2015, de 1 de octubre, del Procedimiento Administrativo Común de las Administraciones Públicas, imponen unas restricciones basadas en el carácter confidencial de ciertos documentos: sobre todo, los que puedan entrañar riesgos para la seguridad y defensa del Estado, o bien que contengan datos personales de carácter policial, procesal, clínico o de cualquier otra índole que puedan afectar a la seguridad, intimidad e imagen de las personas; los que se refieran a materias protegidas por el secreto comercial o industrial o a actuaciones derivadas de la política monetaria, etc.

Igualmente, se limita el derecho de acceso de los particulares en los casos en que pueda verse afectada la eficacia del funcionamiento de los servicios públicos.

– **Reproducción de documentos**. Los procedimientos más habituales son la fotocopia, la fotografía y el microfilm. Las restricciones para la reproducción son similares a las de la consulta, antes contempladas.

La realización de un programa de reproducciones sistemáticas debe ser prioritaria para la documentación de mayor significación histórica o administrativa, para la más frecuentemente utilizada y consultada y, sobre todo, para la que se encuentre en peor estado de conservación o difícilmente accesible, convirtiéndose, así, las copias en un ejemplar de seguridad para salvaguardar la perdurabilidad de los originales.

– **Certificaciones**. Consiste en la copia literal de documentos, autentificada por la persona o autoridad a la que legalmente se le reconoce capacidad para dar fe de dicha copia, garantizando así la misma validez y eficacia que los originales.

– **Informaciones generales** sobre cualquier aspecto relativo al archivo, al contenido de sus fondos o a su funcionamiento, por escrito o por vía oral.

CASO PRÁCTICO N.º 6

Pretendemos aproximarnos a los documentos de decisión que emiten los órganos administrativos y a los distintos tipo de documentos que pueden presentar los ciudadanos.

Cuestiones

1.º Define a qué nos referimos cuando hablamos de Resolución.

2.º Define qué son los Acuerdos.

3.º Los documentos presentados por los ciudadanos son el instrumento por el que los mismos se relacionan con la actividad de las Administraciones Públicas. Indica los tipos que hay y explica en qué consiste cada uno de ellos.

Soluciones

1. Una Resolución es un documento de un órgano administrativo que recoge las decisiones del citado órgano y que ponen fin a un procedimiento, resolviendo todas las cuestiones planteadas por este. Puede ser positiva o negativa.

2. El Acuerdo recoge las decisiones adoptadas por los órganos competentes sobre la iniciación y las cuestiones que se suscitan en la tramitación de un procedimiento con carácter previo a la resolución del mismo.

3.

   - **Solicitud**: documento que contiene una o varias peticiones de un ciudadano dirigidas a promover la acción del órgano administrativo al que se dirige.

   - **Denuncia**: documento por el que cualquier ciudadano, en cumplimiento o no de una obligación legal, pone en conocimiento de un órgano administrativo la existencia de un determinado hecho que pudiera obligar a la iniciación de un procedimiento administrativo.

   - **Alegación**: documento por el que el interesado en un procedimiento administrativo aporta, a los órganos responsables de este, datos o valoraciones de carácter fáctico o jurídico para su consideración.

- **Recurso**: documento por el que el ciudadano impugna un acto administrativo que afecta a sus derechos o intereses, demandando su anulación por incurrir en alguna de las causas de invalidez previstas en el ordenamiento jurídico. Pueden ser: recurso de alzada, recurso potestativo de reposición, recurso extraordinario de revisión o recurso contencioso-administrativo.

Cuestiones

1.º Define qué es una Denuncia.

2.º Redacta un modelo de Denuncia.

3.º Indica cuál es la estructura general de los documentos administrativos.

Soluciones

1. Una denuncia es documento elaborado por cualquier ciudadano, en cumplimiento o no de una obligación legal, que pone en conocimiento de un órgano administrativo la existencia de un determinado hecho que pudiera obligar a la iniciación de un procedimiento administrativo.

2. Una denuncia podría tener un formato parecido al siguiente:

AL JUZGADO DE INSTRUCCIÓN

Don ...., vecino de ...., con domicilio a efectos de notificaciones en ...., y con D.N.I número .... comparezco ante el Juzgado y como mejor proceda en Derecho, DIGO:

1) *Que por medio del presente formulo DENUNCIA por escrito por el presunto delito de ....*

2) *Que los hechos en los que se basa la presente denuncia son los siguientes:...*

3) *Que estimo que los hechos relatados constituyen delito de ...., previsto en el Código Penal en su art. ....*
...

En su virtud,

SUPLICO AL JUZGADO, *Que tenga por presentado este escrito de denuncia y se proceda a la averiguación y comprobación de los hechos, para que, tras los trámites legales oportunos, se enjuicie en su día a las personas implicadas en los mismos.*

Es justicia que solicito,

En .... a .... de .... de ...."

3. Los documentos administrativos constan, por regla general, de tres partes bien diferenciadas:

   - **Encabezamiento**. Parte superior del documento donde se refleja la información inmediata, básica y sintetizada del mismo. El encabezamiento se compone generalmente de:

     * Cabecera impresa. Franja superior del documento en el que figuran impresos el escudo o logotipo identificativo del emisor.

     * Título. Que expresará con claridad y precisión el tipo de documento, su contenido esencial y, en su caso, el procedimiento en que se inserta.

     * Datos identificativos del documento. Puede contener todos o algunos de los siguientes apartados:

       · Referencia.

       · Asunto.

       · Identificación del interesado o interesados.

       · Fecha de inicio del procedimiento.

     * Destinatario. Persona a la que se dirige el documento.

   - **Cuerpo**. Que contiene el contenido específico del documento.

   - **Pie**. Parte final del documento que suele contener las indicaciones de tiempo y lugar (data) y formalización. La firma se compone generalmente de:

     * Antefirma: indica el cargo de quien formaliza el documento.

     * Rúbrica: rasgo característico y personal que acredita la autenticidad.

     * Nombre completo del emisor: identifica a la persona que formaliza el documento.

   (La utilización de la firma electrónica ha modificado sustancialmente el pie de los documentos que acabamos de describir).

Cómo acceder al Curso

Subalterno/a
Test del temario y casos prácticos

El uso de los códigos **es exclusivo de los compradores de los productos de Editorial MAD**. Cada producto posee un código único y de un solo uso. Es personal e intransferible y da acceso a servicios y contenidos adicionales. Editorial MAD se reserva el derecho de hacer cuantas comprobaciones sean necesarias para identificar al legítimo poseedor del código y dejar de dar servicio a quien haga uso fraudulento del mismo, además de emprender cuantas acciones legales estime oportunas según la legislación vigente.

Deberás acceder a:

mad.es/registro-campus

Si una vez aceptadas las condiciones de uso del Campus decides hacer uso del mismo, necesitarás del siguiente código de acceso junto con los códigos del resto de títulos que se exigen (si fuera el caso):

H2DMNVXP6R